JN058584

会社法の基礎

松岡弘樹 編著

井上貴也・三森敏正・坂野喜隆

八千代出版

は し が き

　本書は、平成 17 年 7 月 26 日に公布され、平成 18 年 5 月 1 日に施行された会社法を対象とした解説書です。会社法は、会社の設立から解散、組織運営や資金調達など、会社に対するさまざまなルールを法律として定めたものです。現代社会は企業社会であり、企業の中でも共同企業形態の典型である会社は、物やサービスを提供し、雇用を創出するなど、社会において重要な役割を果たしています。その会社を規制（規整）している会社法は、企業社会における憲法的な役割を果たしている法律と位置づけられ、会社法を学ぶことは、企業社会を円滑に動かすうえでの重要なルールを学ぶことを意味します。

　従来、わが国の会社法制に関しては、統一された法典はなく、商法第 2 編をはじめとして、有限会社法、株式会社の監査等に関する商法の特例に関する法律などの法律に、分散されて置かれていた会社に対する規定を会社法と呼称していました。これらの諸規定を 1 つの法の下に法典化し、併せて、用語・規程の整備、諸制度間の不均衡の是正などを行い、再編することにより、新しく制定されたのが平成 17 年の会社法です。会社法では、新たな起業の促進の観点から、「最低資本金制度の撤廃」「機関設計の規律の柔軟化」「合併等の組織再編行為の対価の柔軟化」などを主な内容とした規制緩和が図られました。

　その後、会社法は、社会的・経済的・国際的な環境の変化に対応する必要性が出てきたことから、平成 26 年と令和元年に重要な改正が行われました。平成 26 年改正では、第 1 に企業統治のあり方として、「監査等委員会設置会社の創設」、「社外役員の資格要件の厳格化」等、第 2 に、親子会社に関する規定の整備として、「多重代表訴訟の創設」、「特別支配株主の株式等売渡請求制度の創設」等の改正が行われました。

　また、令和元年改正では、「株主総会資料の電子提供制度の導入」、「監査

役会設置会社（公開会社かつ大会社に限る）で有価証券報告書提出会社における社外取締役の設置強制」、「株主提案権に関する制度改正」、「株式交付制度の導入」、「役員の損害賠償責任に関する会社補償」、「D&O保険の明文化」等を内容とした改正が行われました。本書は、会社法全体の解説とともに、特にこの2回の改正における改正点をわかりやすく解説した内容となっています。

　本書は、法学部の学生をはじめとして、会社法の分野に関する基本的な知識を修得しようとする法学部以外の学生や一般の方にも広く使用してもらうことを想定した内容となっています。そのために、各項目の説明は明瞭かつ簡潔に心がけて、基本的な判例・コラムを織り込み、理解しやすい内容にすることを主眼としています。ご執筆いただいた井上貴也先生、三森敏正先生、坂野喜隆先生には、ご多忙の中、多大なお力添えをいただいたことに謝意を表したいと思います。

　最後に、本書の刊行にあたっては、八千代出版株式会社社長の森口恵美子氏、編集部の御堂真志氏に格別なご配慮を賜りました。ここに厚く御礼申し上げる次第です。

令和6年3月

松岡　弘樹

目　　次

凡　　例

1　カッコ書きで条文を入れる場合は、法令名を略称にし（略称のないものは会社法をさす）、条文を列挙する場合は読点（、）で、同一条文内で項・号を列挙する場合はナカグロ（・）で区切り表示した。
　　例）（民 667 条 1 項）（450 条 1 項・2 項、451 条 1 項・2 項）

2　判例の略記は慣例に従い以下のように表示する。
　　例）最高裁判所判決昭和 44 年 2 月 27 日最高裁判所民事判例集 23 巻 2 号 511 頁
　　　→　最判昭 44・2・27 民集 23 巻 2 号 511 頁

法令名略称

会	会社法
会計規	会社計算規則
会施規	会社法施行規則
金商法	金融商品取引法
憲	日本国憲法
社株振法	社債、株式等の振替に関する法律
商	商法
信託	信託法
非訟	非訟事件手続法
民	民法
民保	民事保全法
有	有限会社法

判例の略称

最判	最高裁判所判決
東京高判	東京高等裁判所判決
東京地決	東京地方裁判所決定
東京地判	東京地方裁判所判決
神戸地姫路支決	神戸地方裁判所姫路支部決定

判例集・法律雑誌略称

民集	最高裁判所民事判例集
下民集	下級裁判所民事裁判例集
金商	金融・商事判例
商事	金融法務事情
判時	判例時報

会社法総論・会社の設立

1　事業の形態

　会社は、事業を行うための法形態の一つである。出資者が一人の事業を個人事業、出資者が複数の事業を共同事業という。わが国において出資者が所有者となる形態としては、①組合：2名以上の者（法人も可能）が出資者として共同事業をすることに合意をすれば、民法上の組合契約が成立する（民667条1項）。出資は金銭その他の財産によるほか、労務や信用でもよい（同条2項参照）。組合は契約であり、法人格は認められない。②匿名組合：事業を行う者（営業者）が名前を出さないで出資（金銭その他の財産に限られる）をする者（匿名組合員）との間で出資と利益分配の契約をすると匿名組合が成立する（商535条）。わが国では、航空機のリースや不動産の証券化等の場面で活用されている。③信託：平成18年に改正された信託法（平成18年法108号）の下で、委託者が受託者との間で、受託者に対し財産の譲渡担保権の設定その他の財産の処分をする旨、および受託者が一定の目的（信託目的）に従い財産の管理または処分とその他の信託目的達成のために必要な行為をすべき旨の契約（信託契約）を締結するなどの方法で、信託関係が成立する（他の方法も含めて、信託3条、4条参照）。複数の者が委託者兼受益者となり受託者と信託契約を締結すれば、共同事業の形態として利用可能である。信託の場合にも法人格は認められない。④会社：会社法上の会社（2条1号）には、株式会社と持分会社との2つの類型があり、持分会社には、合名会社・合資会社・合同会社という3つの種類がある（株式会社は「類型」であると同時に「種類」で

ある)。これらについては、後述の「10　会社の種類」で説明する。

2　会社の経済的機能と法的規整

1)　会社の経済的機能

　わが国経済の飛躍的発展を支えているのは企業、特に株式会社という名の会社である。株式会社は国民経済上重要な役割を果たし、社会的存在として大きな力をもっている。会社制度はわれわれ人類がつくり上げた制度である。そこにはどのような工夫がみられるのであろうか。まず、人々の有している資金（資本）と労力（経営手腕）を結合させようと考えた。個人の資金や能力にも限界があるので、これを克服しようと考えたのである。つぎに、商売というものは儲かることもあれば失敗することもあるため、事業活動上のリスクを分散・限定できるような仕組みを考案した。このようにして、複数の者が資本を提供し、事業に伴う危険を分散することで大規模な事業を営むことが可能になったのである。しかし、会社は多数の出資者によって構成されるため、一部の者が他の出資者や会社債権者の利益を無視して経営する危険も少なくない。そこで、会社法は、一方で会社制度を整備して会社の経済活動を保障しながら、他方では株主・債権者・取締役など会社に関わる関係者の利害を調整することを規整の目的としている。

コラム　会社の従業員と会社の出資者―社員―

　社員（しゃいん）とは社団、特に社団法人の構成員（出資者）のことをいう。社団の構成員を略すと「社員」となる。

　では、日常用語の「社員」はというと、会社の従業員を略したものである。これらは、法律上は「労働者」、「被用者」（「被雇用者」）、「商業使用人」をさす。この場合、正規雇用者を「正社員」、非正規雇用者を「準社員」（派遣社員、契約社員）などとよび分ける例も多い。

---

2) 会社の法的規整

　会社法以外に会社を法的に規整するものとして、独占禁止法、証券取引法、金融商品取引法などがある。これらの法律は、市場における公正な競争を阻害することがないようにするためのルールである。これらのルールは国民経済的観点から企業を規整するものであるが、会社法は株主・債権者・取締役の間の私的利益を調整していくためのルールを定めたものであり、会社を規整の対象としながらも、規整の観点が異なっているのである。ただし、会社法が私的利益の調整を目的としているといっても、会社が社会的存在として負うべき責務を考慮していないわけではない。株主には経営者の行動をコントロールさせ、違法な業務執行をした経営者の会社または第三者（取引相手）に対する責任を重くするなど、私的利益の調整を図ることを通して、ひいては会社の経済活動の適法化・適正化を図ることも会社法の目的となっている。

3　会社法通則

　会社法は、商法総則の規定のうちで会社に適用されるものを、会社法総則として規定している。その結果、平成 17 年改正後の商法総則の規定は、会社以外の商人に適用されることになった。

　会社は、法人とする（3 条）。会社の住所は、その本店所在地にあるものとする（4 条）。会社（外国会社を含む）がその事業としてする行為およびその事業のためにする行為は、商行為とされる（5 条）。

4　会社の商号

　①会社（外国会社を含む）は、その名称が商号となる（6 条 1 項）。②会社は、株式会社、合名会社、合資会社または合同会社の種類に従って、それぞれの商号中に株式会社、合名会社、合資会社または合同会社という文字を用いなければならない（同条 2 項）。③会社は、その商号中に、他の種類の会社であ

ると誤認されるおそれのある文字を用いてはならない（同条3項）。④会社でない者は、その名称または商号中に、会社であると誤認されるおそれのある文字を用いてはならない（7条）。

　何人も、不正の目的をもって、他の会社であると誤認されるおそれのある名称または商号を用いてはならない（8条1項）。これに違反する名称または商号の使用によって営業上の利益を侵害され、または侵害されるおそれがある会社は、その営業上の利益を侵害する者または侵害するおそれがある者に対し、その侵害の停止または予防を請求することができる（同条2項）。

　自己の商号を使用して事業または営業を行うことを他人に許諾した会社（外国会社を含む）は、その会社がその事業を行うものと誤認してその他人と取引をした者に対し、その他人と連帯して、その取引によって生じた債務を弁済する責任を負う（9条）。

5　会社の使用人等

1）支　配　人

　会社の支配人とは、会社の使用人のうちで会社（外国会社を含む）の本店または支店で事業の主任者である者をいう（10条参照）。会社は、そのような支配人を置くことができる（株式会社について362条4項・5項等参照）。支配人は、会社に代わってその事業に関する一切の裁判上・裁判外の行為をする権限を有する（11条1項）。支配人は、他の使用人を選任・解任できる（同条2項）。支配人の代理権に加えた制限は、善意の第三者に対抗することができない（同条3項）。支配人は登記事項である（918条）。

　支配人は、会社の許可を受けた場合を除き、以下①～④の行為をすることが禁止される（12条1項）。禁止の理由としては、専心して会社に尽くすことが求められるからである。①自ら営業を行うこと（同条同項1号）。②自己または第三者のために会社の事業の部類に属する取引をすること（同条同項2号）。③他の会社または商人の使用人となること（同条同項3号）。④他の会社の取締役、執行役または業務執行社員となること（同条同項4号）。12条1項に違反した行為によって支配人または第三者が得た利益の額は、会社に生じた損害の額と推定される（同条2項）。

　会社の本店または支店の事業の主任者であることを示す名称を付した使用人は、その本店または支店の事業に関し、一切の裁判外の行為をする権限を有するものとみなされる（13条本文）（表見支配人）。ただし、相手方が悪意であった場合はこの限りではない（同条ただし書）。「本店又は支店の事業の主任者であることを示す名称」については、判例では支配人、支店長、支社長、営業所長などがこれに該当するとされている。

2）特定事項の委任を受けた使用人

　会社の事業に関するある種類または特定の事項の委任を受けた使用人は、

その事項に関する一切の裁判外の行為をする権限を有する（14条1項）。その使用人の代理権に加えた制限は、善意の第三者に対抗することができない（同条2項）。部長、課長、係長、主任がこれに該当すると解される。

3) 物品の販売等を目的とする店舗の使用人

物品の販売等（販売、賃貸その他これらに類する行為をいう）を目的とする店舗の使用人は、その店舗にある物品の販売等をする権限を有するものとみなされる（15条本文）。ただし、相手方が悪意であった場合は、この限りではない（同条ただし書）。会社が販売員に販売権限を与えているか否かに関わりなく、代理権限があるものとすることにより、取引の安全を図っている。

6　会社の代理商

会社の代理商とは、会社のためにその平常の事業の部類に属する取引の代理または媒介をする者で、その会社の使用人でないものをいう（16条、平成17年改正前商法46条参照）。この者が、取引の代理または媒介をしたときは、遅滞なく会社に対して、その旨の通知をしなければならない（16条）。代理商の例としては、損害保険代理店が挙げられる。

代理商は、会社の許可を受けた場合を除き、次の行為をすることが禁止される（17条1項）。①自己または第三者のために会社の事業の部類に属する取引をすること（同条同項1号）。会社の事業と同種の事業を行う他の会社の取締役、執行役または業務を執行する社員となること（同条同項2号）。この規定に違反して代理商または第三者が得た利益の額は、会社に生じた損害の額と推定される（同条同項）。

取引の代理を行う者が「締約代理商」であり、取引の媒介を行う者が「媒介代理商」である。代理商と会社とは継続的に信頼関係にあり、代理商は独立した商人であるところから、会社法は特別の権利義務規定を設けている。

7 事業の譲渡

　会社法「第1編　総則」第4章（21条〜24条）で、事業譲渡に関する取引法的側面の規律を行い、組織法的側面については「第2編　株式会社」第7章（467条〜470条）において規整がなされる。

1) 譲渡会社の競業の禁止

　事業を譲渡した会社（以下、本節では「譲渡会社」という）は、当事者の別段の意思表示がない場合、同一の市町村（東京都の場合には特別区）の区域内およびこれに隣接する市町村の区域内においては、その事業を譲渡した日から20年間は、同一の事業を行うことができない（21条1項）。特約を設けた場合、30年までは禁止の効力を有する（同条2項）。この規定の趣旨は競業を認めてしまうと事業譲渡の意味がなくなるからである。

2) 譲渡会社の商号を続用した場合の譲受会社の責任

　ⓐ事業を譲り受けた会社（以下、「譲受会社」という）が譲渡会社の商号を引き続き使用する場合には、その譲受会社も、譲渡会社の事業によって生じた債務について弁済する責任を負う（22条1項）。

　ただし、①事業を譲り受けた後、遅滞なく、譲受会社がその本店の所在地において譲渡会社の債務を弁済する責任を負わない旨を登記した場合には、前述の責任は負わない（22条2項前段）。また、②事業を譲り受けた後、遅滞なく、譲受会社および譲渡会社から第三者に対しその旨の通知をした場合には、その通知を受けた第三者についても、同様とされる（同条同項後段）。

　③譲受会社がⓐにより譲渡会社の債務を弁済する責任を負う場合、譲渡会社の責任は、事業を譲渡した日の後2年以内に請求または請求の予告をしない債権者に対しては、2年経過時に消滅する（22条3項）。さらに、ⓐの場合において、譲渡会社の事業によって生じた債権について、譲受会社にした弁

済は、弁済者が善意でかつ重大な過失がないときは、有効となる（同条4項）。

3）譲渡会社の商号を続用しない場合の譲受会社の責任

　譲受会社が譲渡会社の商号を引き続き使用しない場合、譲渡会社の事業によって生じた債務を引き受ける旨の広告をしたときは、譲渡会社の債権者は、その譲受会社に対して弁済の請求をすることができる（23条1項）。この場合の譲渡会社の責任は、当該広告があった日の後2年以内に請求または請求の予告をしない債権者に対しては、2年経過時に消滅する（同条2項）。

4）詐害的な事業譲渡の場合

　平成26年会社法改正で、詐欺的な会社分割の場合における残存債務者保護のための規定が新設されため、詐害的な事業譲渡の場合についても規定が新設された。

　すなわち、譲渡会社が「残存債権者」（譲受会社に承継されない債務の債権者）を害することを知って事業を譲渡した場合には、残存債権者は、その譲受会社に対して、承継した財産の価額を限度として、当該債務の履行を請求することができる（23条の2第1項本文）。ただし、その譲受会社が事業の譲渡の効力が生じた時において残存債権者を害することを知らなかったときは、この限りでない（同条同項ただし書）。この譲渡会社の責任については、譲渡会社が残存債権者を害することを知って事業を譲渡したことを知った時から2年以内に請求または請求の予告をしない残存債権者に対しては、その期間を経過した時に消滅し、また、事業の譲渡の効力が生じた日から10年を経過したときも、消滅する（同条2項）。

　残存債権者の権利は、譲渡会社について破産手続開始の決定、再生手続開始の決定または更生手続開始の決定があったときは、行使することができない（23条の2第3項）。

8 登　記

　会社法の規定により登記すべき事項（938条3項の保全処分の登記事項を除く）は、当事者の申請または裁判所書記官の嘱託により、商業登記法の定めるところに従い、商業登記簿に登記する（907条）。

　会社が登記すべき事項は法定されており、本店の所在地において、所定の期間にしなければならない。なお、平成元年商法改正により、支店の所在地における登記は廃止されている。

1) 登記の消極的公示力

　会社法の規定により登記すべき事項は、登記をするまでの間は、善意の第三者に対抗することができない（908条1項前段）。

2) 登記の積極的公示力

　登記後は、善意の第三者に対しても登記事項を対抗できる（908条1項前段）。ただし、第三者が正当な事由によってその登記があることを知らなかったときは、登記事項を対抗することができない（同条同項後段）。

3) 不実の登記

　故意または過失により不実の（真実でない）事項を登記した者は、その事項が不実であることを善意の第三者に対抗することができない（908条2項）。不実の登記を信頼した者を保護するための規定である。

9　会社の概念

1) 総　説

　営利事業は個人で行うこともできるし、複数の者が契約により共同で行う

こともできる（法的には民法上の組合になる：民667条）。また、会社という形で行うこともできる。個人で行う場合は、事業活動に伴って生じる権利義務はその者が負う。しかし、契約上の債務については当然に無限責任（出資者が会社債務者に対し負債総額の全額を支払う責任）を負わなければならないし、また個人では事業に使える資金（資本）も限られるから、大きな事業を行うには適さない。民法上の組合の場合、ある程度の資本は集められるが、事業活動上の権利義務は組合ではなく組合員のものとなるため（組合に権利能力が認められていないから）、法律関係が複雑になりやすい。会社の場合、こうした不都合が回避できる。それは、会社が以下のような基本概念または法的技術によって構成されているからである。

　この3つの基本概念をあわせて会社を営利社団法人とよぶことはできるが、会社法では、会社は、株式会社、合名会社、合資会社または合同会社をいうと定義されている（2条1号：合名会社・合資会社・合同会社は、持分会社と総称される〔575条〕）。

2）法　人　性

　会社はすべて法人とされる（3条）。法人という法技術を用いれば、会社の法律関係を簡便に処理することができる。法人になることのメリットは、①

会社の名前で権利を取得し義務を負担できること、②会社の名前で訴えたり訴えられたりできること、③会社の財産と社員の財産とが峻別されること、その結果、出資者が有限責任社員である場合には会社は会社の債権者に対してのみ責任を負うにすぎず、社員は会社の債権者に対して責任を負わなくてもよい（有限責任）こと、という３つが挙げられる。

3) 法人格否認の法理

　本来の事業を営むためではなく、差押えを逃れるために新会社を設立しそっくり財産を移したり、税金対策のためだけに個人商店を法人化したりしてしまうこともある。法人格がこのように用いられれば、会社に法人格を認めた本来の趣旨とは異なり、正義・衡平に反することになる場合がある。そこで、判例・学説は、①法人格の濫用の場合（会社の背後にあってこれを支配する者が違法な目的のために法人格を利用する場合）、②法人格の形骸化の場合（会社が個人企業の単なる藁人形で、会社と個人企業を実質的に同一視できる場合）には、会社の法人格がないものとして取り扱うことを認める。これを法人格否認の法理という。もっとも、会社解散命令（824条）のように会社の存在をまるごと否定してしまうのではなく、その具体的事案の解決に必要な限りにおいて、会社の行為（権利義務）を背後の個人のそれと同一視したり、会社財産としての独自性を認めなかったり、あるいは株主の有限責任を否認したりするのである。

4) 社　団　性

　人の集まり（団体）には社団と組合とがある。社団であることの法的意味は、構成員と構成員とが契約で直接結合し合っている組合とは異なり、構成員が団体と直接に結合し、他の構成員とは団体を通じて間接的に結合するということである。つまり構成員相互の関係が団体と構成員との関係（これを社員関係という）に置き換えられることによって、構成員が多数いても法律関係が簡単に処理できるのである。

会社法は、改正前商法52条とは異なり、会社が社団であると明示的には規定していないが、この意味での社団性は、当然の前提としている。社団概念にそれ以上の意味を与えると、無用の混乱を招くおそれがある（たとえば、一人会社〔後述の「コラム　一人会社」参照〕でも、持分・株式を譲渡すると、構成員は2人以上となるので、一人会社は潜在的な社団であると説いている）。なお、構成員が1人の一人会社も認められる（一人合名会社、一人合同会社も可。合資会社は無限責任社員と有限責任社員によって構成されるため、一人会社は認められないが、一人会社は解散原因とはされていない〔641条〕）。

判　例

　「社団法人において法人とその構成員たる社員とが法律上別個の人格であることはいうまでもなく、このことは社員が1人である場合でも同様である。しかし、およそ法人格の付与は社会的に存在する団体についてその価値を評価してなされる立法政策によるものであって、これを権利主体として表現せしめるに値すると認めるときに、法的技術に基づいて行なわれるものなのである。従って、法人格が全くの形骸にすぎない場合、またはそれが法律の適用を回避するために濫用されるが如き場合においては、法人格を認めることは、法人格なるものの本来の目的に照らして許すべからざるものというべきであり、法人格を否認すべきことが要請される場合を生じるのである」（最判昭44・2・27民集23巻2号511頁）

5）営　利　性

　改正前の商法の下では、会社とは営利社団法人であり、その営利性とは、利益を獲得するだけでなく、利益を会社の構成員に分配することをも意味するものと解されていた。会社法は、一方で、会社が、その事業としてする行為およびその事業のためにする行為は商行為であると定義し（5条）、他方では、株主に、剰余金配当請求権、残余財産分配請求権の全部を与えない旨の定款の定めは無効とすると定めている（105条2項）。この2つの規定から、会社では、営利活動を行うだけでなく、株主への財産的利益の分配が想定されていると解される。こうした仕組みは、会社への出資を促す重要な意味を

有している。なお、寄付などの非営利行為は、会社の営利性と矛盾するとは
解されていない（後述の「11　会社の権利能力」2）参照）。

10　会社の種類

1）持分会社・人的会社・物的会社

　会社法上の会社は、株式会社、合名会社、合資会社および合同会社の 4 種
類である（2 条 1 号）。株式会社を除く、合名会社、合資会社および合同会社
を持分会社という。持分会社は、会社の内部関係において組合的規律に服す
る会社である。持分会社には、社員の責任の違いに関連する規定等を除いて、
統一的な規制がなされる。外国会社（同条 2 号）は、会社法上の会社とは区
別され、国内の会社と同様に規整する場合は、国内の会社に外国会社を含む
旨が条文上明示される（例：5 条等）。

　人的会社とは、会社の商業上の信用を会社の構成員に置くことで取引が行
われる会社をいい、物的会社とは、会社の信用を会社の財産に置くことで取
引が行われる会社をいう。合名会社と合資会社は人的会社で、株式会社（特
例有限会社）は物的会社である。合同会社は、会社の信用面では物的会社、
経営への社員の個性の反映の面では人的会社に属する。

2）会社の信用をどこに置くか

　人的会社である合名会社と合資会社では、会社が負担した債務を会社の財

産で支払えない場合、会社の構成員である社員（出資者）が会社に代わって個人財産で会社債権者に直接に弁済しなければならない（直接責任）。人的会社と取引をする者は、会社が小さくても、会社の構成員に財産的信用がある場合には、安心して取引を行うことができる。

物的会社では、会社の構成員（社員〔出資者〕）は、会社に対して出資の義務を負う（間接責任）だけで、自己の出資の範囲内で会社の債務について責任を負えばよいことになっている。そして、これらの会社の構成員は、会社の設立時や増資時にすでに出資を行っているのが一般的であり、会社の抱えた多額の負債を払うために出資したお金を失うことはあっても、それ以上に責任を負うことは原則としてない。出資者の責任が限定されている（有限責任）のが特徴である。

3）株式会社

株式会社とは、会社債務について会社債権者に対して責任を負わず、ただ会社に対する一定限度の出資義務を負うにとどまる社員（出資者）のみから構成される会社をいう（104条参照）。株式会社の社員を株主といい、株式会社の社員としての地位を株式という。株主は株主総会に参加して会社の基本的事項を決定するが、会社経営は株主総会で選任した取締役に委ねる。出資者（企業の実質的所有者）と経営者が異なるこのような現象を、「所有と経営の分離」という。株主の責任が間接・有限責任であることから、株式会社の社員となることのリスクは小さく、また株主は経営に直接関与しないので株主になるのに経営者としての才能は必要なく、株式の制度とあいまって、広く一般大衆から資金を調達することを可能にする。また会社債権者の債権の引当てとなる会社財産を維持するため、出資の払戻しは原則として禁止され、反面、出資金（投下資本）の回収の途を開くため、株式の譲渡は大原則として自由とされている。

4) 合名会社

合名会社は、各社員が、会社の債務について、直接・無限責任を負う会社である。合名会社の各社員は原則として会社の業務執行に携わり（590条1項）、業務を執行する社員は、ほかに代表者を定めていなければ会社を代表する（599条1項）。業務執行の意思決定は社員の多数決によって定め（590条2項）、定款変更や合併、解散といった会社の基礎の変更に関わる事項は総社員の同意によって決定する（637条、641条3号、793条等）。社員はいったん出資した財産の払戻しを請求できる（624条）。社員は退社することができ（606条）、退社に際して持分の払戻しを請求できる（611条）。社員が持分を譲渡するには他の社員全員の承諾が必要である（585条1項）。

5) 合資会社

合資会社は、会社の債務について直接、無限の責任を負う社員（無限責任社員）と、直接責任を負うが会社に対する出資額までに責任が限定される社員（有限責任社員）の2種類の社員から構成される会社である。会社の業務執行、会社代表、基礎的変更、出資の払戻しおよび退社についての規整は、合名会社と同様である。持分の譲渡についても合名会社と同じく制限されているが、業務を執行しない有限責任社員の持分の譲渡は、業務を執行する社員全員の承諾があれば可能である（585条2項）。

6) 合同会社

合同会社は、平成17年会社法によって新設された会社の形態である。合同会社とは、社員の有限責任が確保され、会社の内部関係については合名会社と同じく組合的規律が適用される特徴を有する会社類型である。合同会社の業務執行、会社代表、基礎的変更についての規整は合名会社と同様である。持分の譲渡については合資会社の規整と同じである。ただし、合同会社については、社員全員が有限責任であるため債権者保護の観点から、設立時や社員の新規加入時等における出資の全額払込み（578条、604条3項、640条）の

　　最低資本金制度とは、会社の資本金について、その下限となる額を法定する制度をいう。旧商法では、最低資本金制度が採用され、株式会社においては資本金 1000 万円以上（旧商 168 条の 4）、有限会社においては資本金 300 万円以上（旧有 9 条）とすることが求められていた。そもそも、株式会社の株主や有限会社の社員（出資者）は、出資額を限度とする間接有限責任を負うにすぎず、会社の債務の引当てになるものが会社財産のみに限られることから、会社債権者保護の観点より、資本金についての最低限度額が定められていた。

　　一方で、最低資本金制度の債権者保護機能については実効性がないという意見も少なくなかった。また、新しい起業意欲があるものに対して最低資本金制度が障害となっているとの意見も出されていた。このよう経緯から会社法では、最低資本金制度が廃止されたのである。しかし、会社法でも、配当後の会社の純資産額が 300 万円未満になるような剰余金の配当は禁止されている（458 条）。このような意味からすると、最低資本金制度が果たしてきた機能の一部は会社法においても残されているのである。

　　「株主となる者が当該株式会社に対して払込み又は給付をした財産の額」（445 条）とは、出資された財産の評価額から発起人に支払う報酬や設立費用を控除した額とされているため（会計規 74 条）、設立費用が高額な場合には、結果として設立時の資本金額が 0 円となる場合もありうる。

ほか、資本減少利益の配当、出資の払戻しおよび退社に伴う持分の払戻しなどに関して特例が設けられている（625 条～ 636 条）。

11　会社の権利能力

1）性質・法令による制限

　　会社は、その性質上、自然人にしかなじまない生命・身体、身分などに関する権利義務は享有できないし、またその権利能力も法令で認められた範囲に限られている。

2) 会社の目的による制限

たとえば、自動車の製造販売を目的とする会社が衣料品の仕入れ・販売を行ったとき、その取引が会社の権利能力を超えるものなら、当該取引は無効となる。従来の多数説および判例は、公益法人の権利能力を定款の目的の範囲に制限する現行民法34条の規定は、会社にも適用ないし類推適用されると解してきた。現在の判例は、その前提に立ちながら、取引の安全を考慮し、目的の遂行に必要または有益な行為や、定款所定の目的に何らかの関わりがある行為も目的の範囲に属するとして、結局のところ法人の権利能力をかなり広く認めている。

権利能力との関係で、会社が慈善団体等へ寄付をすることや政党に政治献金を行うことができるかが、問題となる。これらの行為は定款所定の目的とは原則として関係がないが、社会の構成員として会社に期待されているから行いうるとの判断をする判例・学説がある。

コラム　会社と政治献金

八幡製鉄政治献金事件に見られるように、会社と政治献金の問題は商法学の分野のみならず、憲法学からも論じられてきた問題点である。最高裁判所判決（最判昭45・6・24民集24巻6号625頁）では、会社は政治献金をなす権利能力を有しないとの主張については、「会社が、その社会的役割を果たすために相当な程度のかかる出捐をすることは、社会通念上、会社としてむしろ当然のことに属するわけであるから、毫も、株主その他の会社の構成員の予測に反するものではなく、したがって、これらの行為が会社の権利能力の範囲内にあると解しても、なんら株主等の利益を害するおそれはない」と判断された。また、会社が政治献金をなすことは、取締役の一般的義務に違反するのではないかとする主張については、「会社の資本金その他所論の当時における純利益、株主配当金等の額を考慮にいれても、本件寄附が、右の合理的な範囲を越えたものとすることはできない」と判断されている。

取締役の一般的義務は抽象的な内容を定めるものであり、会社法の領域において政治資金の問題を個別に規定するのは妥当ではないとする考え方により、政治資金規正法が制定された。今日では、企業および業界団体が特定の政治家個人へ献金を行う行為は禁止されている。

12　会社法の定義

　会社法は、その2条に定義規定を置いており、そのうち、3号から6号において「子会社」、「親会社」、「公開会社」、「大会社」という会社法の適用に重要な定義を定めている。

1）子会社・親会社

　会社法は、親子会社関係に着目した規制をいくつか設けている。「子会社」・「親会社」の範囲について、従来は、株式会社または有限会社の議決権の過半数を株式会社または有限会社が有するか否かが、基準とされていた（旧商211条ノ2、旧有24条1項）。すなわち、株式会社の総株主の議決権の過半数を有する会社その他の法人を親会社といい、親会社にそのような株式を保有されている会社を子会社と称していた。

　これに対し、会社法では、形式的な議決権の過半数基準から、実質的支配基準も親子会社の定義に加えられている（2条3号・4号、会施規3条、4条）。

> **判　例**
>
> 　「その目的遂行に必要なりや否やは、問題となっている行為が、会社の定款記載の目的に現実に必要であるかどうかの基準によるべきではなくして定款の記載自体から観察して、客観的に抽象的に必要であり得べきかどうかの基準に従って決すべきものと解すべきである。……けだし、当該行為がその社団にとって、目的遂行上、現実に必要であるかどうかということのごときは社団内部の事情で第三者としては、到底これを適確に知ることはできないのであって、かかる事情を調査した上でなければ、第三者は安じて社団と取引をすることができないとするならば到底取引の安全を図ることはできないからである」（最判昭22・2・15民集6巻2号77頁）
>
> 　（政治献金は目的の範囲外であるという上告理由に対して）「会社は、一定の営利事業を営むことを本来の目的とするものであるから、会社の活動の重点が、

定款所定の目的を遂行するうえに直接必要な行為に存することはいうまでもないところである。しかし、会社は、他面において、自然人とひとしく、国家、地方公共団体、地域社会その他……の構成単位たる社会的実在なのであるから、それとしての社会的作用を負担せざるを得ないのであって、ある行為が一見定款所定の目的とかかわりがないものであるとしても、会社に、社会通念上、期待ないし要請されるものであるかぎり、その期待ないし要請にこたえることは、会社の当然になしうるところであるといわなければならない」（最判昭 45・6・24 民集 24 巻 6 号 625 頁）

2）公 開 会 社

　会社法にいう「公開会社」とは、「その発行する全部又は一部の株式の内容として譲渡による当該株式の取得について株式会社の承認を要する旨の定款の定めを設けていない株式会社」と定義される（2 条 5 号）。換言すれば、定款で株式譲渡制限を全くしていない「非譲渡制限会社」と「一部譲渡制限会社」が「公開会社」となる。このように、会社法は「全部譲渡制限会社」と「全部譲渡自由会社」に加えて、一部の株式の内容として譲渡制限を定款で定める「一部譲渡制限会社」を認めた（108 条 1 項 4 号）。会社法は、株式会社を「公開会社」と「非公開会社」（全部譲渡制限会社）に二分し、株式会社における株式譲渡の自由度によって、機関設計や、株主保護の規制を区分しているため、公開会社の定義は重要な意味をもつ。

3）大 会 社

　会社法は、最終事業年度に関わる貸借対照表に資本金として計上した額が 5 億円以上であるか、最終事業年度に関わる貸借対照表の負債の部に計上した額の合計額が 200 億円以上の株式会社を大会社としている（2 条 6 号）。たとえば、大会社では、監査役会か委員会（「公開会社でない大会社」は除かれる）と、会計監査人とを設置しなければならず、業務適正確保体制（内部統制システム）の整備も義務づけられる（328 条、348 条 4 項、362 条 5 項）。

　たとえば、株式会社の場合には、全株式を一人で所有している場合、株主（出資者）が一人であり、このような会社を「一人会社」（いちにんがいしゃ）という。

　会社法では旧商法52条のような条文が削除されたことにより、会社が「社団」であることも条文上はっきりしなくなった。社団とは、複数人の結合体と説明されてきた。しかし、実社会に目を向けてみても「一人会社」は普通に存在している。会社法から「社団」の文言が消えたため、一人会社がなぜ「社団」かの説明は不要になったとも考えられる。会社法は合資会社を除き、社員1人の持分会社を認めている。

13　株式会社の設立

　株式会社とは、営利社団法人のうち（3条）、社員の持分が単位化された株式という形式をとり、株主は、株式の引受価額を限度とする有限責任を負うにすぎない会社をいう（104条）。株式会社の設立を理解する前提として、株式会社も会社の1種類であること（2条1号）をふまえて、会社一般の設立を理解することが必要となる。

　会社の設立とは、会社という1個の団体（社団）を形成するとともに、会社という1個の法人を成立させることである。団体の形成にあたっては、まず、①社員関係の基礎となる自治規則である「定款」を作成することから始まる。つぎに、②社団の構成員である「社員」を確定し、そして、③事業資金（元手）を確保し、④社団を運営する「機関」を具備する。会社という団体の形成が完了すると、後は、⑤設立登記によって法人格を取得し、会社が成立する（49条、579条）。このように、会社の設立には5つの段階がある。

　わが国では、会社の設立には準則主義がとられており、法律が定める設立に関する規定に従った手続を履践すれば、書類上の形式的審査のみにより、法人格が付与される。準則主義がとられているのは、営業の自由の一部としての「会社設立の自由」を保障するため（憲22条1項）である。

14　株式会社の設立方法

　株式会社では、相互の信頼関係が希薄で多数の社員（株主）の存在が予定され、社員たる株主の責任が有限であることから（104条）、株式会社と取引をする債権者は、無限責任を負う社員が存在する合名会社のように、社員たる株主の個人財産を当てにすることはできない。そのため、会社の成立前に会社の財産確保が必要となる。したがって、株式会社の設立にあたっては、法形式としての社団の形成だけではなく、会社債権者のための財産確保という要請から、資本の形成も設立の重要な内容となる。

　合名会社の設立手続は、条文から明らかなように、定款をつくると、社員の確定も（576条1項4号）、機関の具備も（590条1項、599条1項）、すべて終わってしまう。なぜなら、社員資格が業務執行機関の資格の前提となっているからである。後は、設立登記だけである（912条）。会社事業に必要な資金の手当ては、単に定款に記載するだけである（576条1項6号）。必要になった場合に、出資の履行を求めることになる。なぜなら、合名会社の社員はすべて無限責任社員であり（同条2項）、会社債権者保護のために、会社成立前に会社財産を確保する必要がないからである（580条1項）。

1）発起設立と募集設立

　株式会社の設立方法には2つの方法がある。1つは、発起設立であり、もう1つが募集設立である。発起設立とは、設立時に発行する株式のすべてを発起人だけで引き受けて行う設立手続をいう（25条1項1号）。少数の出資者で設立する場合、小規模の会社を設立する場合、一人会社を設立する場合にとられる設立方法である。これに対し、募集設立とは、設立時に発行する株式の一部だけを発起人が引き受け、残りの部分について株式引受人を募集する設立手続をいう（同条同項2号）。募集設立は、設立を企画した発起人を中心としながら、一般から資金を調達して大規模な株式会社を設立する手続を

いう。株式会社の設立では、持分会社の設立とは異なり、社員たる株主が設立手続を進めるのではなく、発起人が設立手続を進める。なお、払込みの証明について、発起設立では、払込証明書類が用いられるのに対し（34条1項、商登47条2項5号前段）、募集設立では、発起人以外の株式引受人保護の要請から、払込取扱機関の責任が伴う保管証明書が必要となる（64条1項、商登47条2項5号後段）。

2) 発 起 設 立

　発起設立では、まず、発起人により定款が作成される（26条）。定款は、公証人の認証を得ることにより、法的な効力が認められる（30条）。つづいて、発起人による株式の引受がなされる（25条2項）。このとき、その前提として設立時発行株式の内容が定款で規定されていない場合には、発起人全員の同意の下で決定しなければならない（32条）。さらに、変態設立事項がある場合には、検査役の選任の申し立てを裁判所に行い、手続を進めなければならない。選任された検査役は調査を行い、その結果を裁判所に報告する（33条4項）。そして、裁判所は、その内容を不当と認めた場合には、これを変更する決定を行う（同条7項）。なお、設立時以外で同趣旨の規定としては、①株式会社は、募集株式の募集事項において、金銭以外の財産を出資の目的とする旨を定めたときは、募集事項の決定後遅滞なく、現物出資財産の価額を調査させるために裁判所に対して検査役の選任の申立てをしなければならない（207条1項）という規定と、②新株予約権においても、株式会社は、現物出資の定めがある新株予約権が行使された場合には、この給付があった後、遅滞なく、現物出資財産の価額を調査させるため、裁判所に対し、検査役の選任の申立てをしなければならない（284条）という規定が置かれている。

　つぎに、発起人の出資がなされる（34条）。これにより、設立時株主が確定し、社員の確定がなされることになる。また、出資の履行により、資本が形成される。社員の確定は、本来、株式引受により行われるはずであるが、会社法では、株式を引き受けた発起人でも、出資を履行しなければ、設立時

株主になることができないとされた（36条）。最低資本金制度が廃止されたことにより、定款記載の最低出資額さえ集められたら、その資本規模での会社設立を認めようという法政策に変わった。したがって、最終的な社員の確定は、出資の履行の完了までは定かではない。

その後、設立時役員を選任して機関を具備する（38条、47条）。各役員は、それぞれの会社の機関設計により異なる（38条〜45条）。

最後に、設立時取締役等による設立手続の調査が行われ、不当な事項がある場合には、発起人に通知される（46条）。そして、この調査が終了した日、または発起人が定めた日から2週間以内に設立登記がなされ（911条1項）、会社が成立する（49条）。設立登記では、資本金の額（911条3項5号）・発行済株式総数（同条同項9号）・役員等の氏名（同条同項13号・16号・22号ロ）・代表機関の氏名・住所（同条同項14号・22号ハ）等が登記事項とされる（911条3項）。

3) 募集設立

募集設立において、発起設立と異なる手続は、株式引受人の募集・申込み・割当て・払込手続と、創立総会の開催である。

まず株式引受人を募集するにあたって、株式引受人の保護を図るために募集内容の開示が強制される（59条1項）。また、同趣旨により、払込機関が法定され、保管証明書制度が採用されている（64条）。

つぎに、創立総会とは、事実上の第1回目の株主総会であり、発起人に加えて株式引受人も参加して、設立の廃止等も含め設立に関する意思決定がなされる。具体的には、創立総会では、設立手続に関して発起人が報告・説明を行い（78条、87条）、設立時取締役・監査役等の設立時役員等が選任される（88条）。そして、設立時取締役が設立手続に関する調査の報告・説明を行う（93条2項・3項）。創立総会の決議においては、資本多数決原理が採用されるが（72条）、株主総会とは異なり、決議要件は特別決議を原則としている（73条1項）。また、株式の譲渡制限に関する定款変更決議には特殊の決議が要求

され（同条2項）、全株式を取得条項付株式とする定款変更には、設立時株主全員の同意を要する（同条3項）。

　なお、決議については、株主総会同様、招集手続の省略（69条）、書面投票（70条、71条、75条）、電子投票（76条）、議決権の代理行使（74条）、書面決議（75条）等が採用されている。

　そして、創立総会の終結日から2週間以内に設立登記がなされ（911条2項）、会社が成立することになる（49条）。

4）公開会社における募集株式の割当ての特則

　公開会社においては、授権株式の範囲内において、取締役会決議により新株の発行ができるのが原則であるが、平成26年改正により、公開会社において、発行等の後、特定の株主が過半数の議決権を有することになる場合には、特別の手続が必要とされることになった（206条の2）。この場合、「支配株主の異動を伴う場合」とよばれ、過半数の議決権を有することになる引受人は「特定引受人」とよばれる。この規制の趣旨としては、新株発行のための取締役会の決定のみで、必ずその意思どおりに役員等（とりわけ取締役）を選解任できる株主を出現させることが可能となる。会社法は、取締役は本来、株主によって選任される立場にあるという立場をとっているため、権限分配規制に反しているともいえる。

　そこで、支配株主の異動を伴う発行等を行おうとする場合には、払込期日または払込期間の初日の2週間前までに、一定事項を株主に通知または公告しなければならない（206条の2第1項・2項。なお3項）。そして、総株主の議決権の10分の1以上の議決権を有する株主が反対の旨を会社に通知したときは、株主総会の普通決議によって、当該割当てについての承認を受けなければならない（同条4項・5項）。取締役の選解任を決定できる株主総会普通決議による承認を必要としている（同条5項による定足数の特則も、341条と同様である）。

　ただし、たとえば会社の存在が危殆に瀕しており一刻も早く資金を調達す

24

る必要があるという状況下で、時間をかけて株主総会の承認を待つこともできないという場合もありえよう。会社の財産状況が著しく悪化しており、会社の事業継続のため緊急の必要があるときは、その例外とされている（206条の2第4項ただし書）。

なお、募集新株予約権の発行によっても募集株式発行等の場合の規制が潜脱されるおそれがあるため、同様の規制が導入されている（244条の2）。

15　発起人・設立中の会社・定款の作成

1）発　起　人

定款作成から始まる設立手続のためには、どのような内容の会社を設立しようとするのかという企画が必要である。通常、設立企画をした者は、発起人として、設立手続も担当することが多い。このような意味で、発起人は設立企画者でもあるが、会社法上、発起人とは、定款に発起人として署名した者をいうと定めている（26条1項）。このような形式的な定義により、発起人として特別利益や報酬を受けることができる者、現物出資者となる資格のある者（28条）、発起人として設立に関して責任を負うべき者（52条〜56条、103条1項）の範囲を明確にすることができる。

発起人は1人でもよく、会社が他の会社の設立の発起人となることもできる。発起人が複数いるとき、発起人相互は会社設立をめざした組合を形成することとなり、これを発起人組合という。会社設立に関する事項を発起人が決定するときは、発起人の過半数による多数決で決めるが（民670条1項）、発起人が割当てを受ける設立時発行株式の数、発行可能株式総数に関する定款変更、設立時発行株式を引き受ける者の募集・設立時募集株式の数、払込金額など一定の事項は、発起人全員の同意で決める（32条、33条9項、34条1項、37条、57条、58条）。

2）設立中の会社

　株式会社の設立手続が開始されても、会社が成立するまでには相当の時間がかかる。会社は、定款作成から始まって、少しずつ社団としての実体が形成されてゆく。人にたとえるならば胎児の状態である。この実体が形成されてゆく状態を、「設立中の会社」とよんでいる。発起人が行う設立行為に伴い発生した権利義務は、実質的には設立中の会社に属すべきであるが、設立中の会社には法人格がないので形式的に発起人に帰属することになる。この権利義務は、会社成立時に特別の移転行為なくして当然に成立後の会社に帰属すると考える（同一性説）。発起人は設立中の会社を運営する執行機関という位置づけとなる。

3）定款の作成

　設立手続の第1段階として、発起人が定款を作成しそれに署名する（26条1項）。定款は、書面のほか電磁的記録によって作成することもできる（同条2項）。定款は、会社の組織・活動に関する基本的な自治規則である。定款は公証人の認証を受けなければならない（30条1項）。定款の記載（以下、定款における「記載」には電磁的「記録」も含む）事項はその法的効力から、絶対的記載事項、相対的記載事項、任意的記載事項の3つに分かれる。

　絶対的記載事項とは、定款に必ず記載しなければならない事項であり、これを欠くと定款は効力を生じない。発起人が作成・署名し、公証人の認証を受ける定款（これを原始定款という）には、①目的、②商号、③本店の所在地、④設立に際して出資される財産の価額またはその最低額、⑤発起人の氏名または名称および住所を記載しなければならない（27条）。なお、⑥発行可能株式総数は、会社成立時までに発起人全員の同意によって定めることができ、定款認証時には必ずしも定められている必要はない（37条1項・2項）。

　相対的記載事項とは、定款に記載しなくても定款自体の効力には影響はないが、定款に記載しないと法律上その効力を生じない事項をいう（28条、29条）。このような事項は、会社法の各所に規定されている（「定款で定めている

場合には」などと規定)。設立手続に関して重要なのは後述の変態設立事項である。

　任意的記載事項とは、会社が任意に記載できる事項である。定款には強行規定または公序良俗に反しない限り、定款にはどのような事項も記載することができ（29条）、定時株主総会の招集時期、総会の議長、取締役の員数などがこれにあたる。これらの事項は、定款に規定することにより明確になり、また定款変更の手続によらない限り変更できないという効果が生ずる。

16　変態設立事項

　変態設立事項とは、①現物出資、②財産引受、③発起人の報酬・特別利益および④設立費用という4つの項目をいう。

　これらの事項は、前述のように、定款の相対的記載事項であるとされているが、その理由は、発起人による濫用の危険が大きく、成立後の会社財産を危うくするおそれがあるため危険な約束ともよばれ、定款に記載しないと効力が生じないとともに、原則として裁判所の選任する検査役の調査を受けなければならないことになっている（28条、33条）。

1）現物出資（28条1号）

　金銭以外の財産（動産・不動産・有価証券など）での出資を現物出資という。株式会社での出資は金銭での払込みを原則としている（34条1項、63条1項）が、現物出資は、金銭出資と異なり、その目的物である財産の価額評価という問題が生じる。財産が過大評価されると、会社の資本充実は空洞化するとともに、他の株主との関係で割り引いた株式を発行することにもなり、株主平等の原則にも反する。

2）財産引受（28条2号）

　発起人が、設立中の会社のために会社の成立を条件として、特定の財産を

譲り受ける契約を財産引受という。財産引受は売買・交換などの純然たる個人法上の契約であるが、現物出資と同様、目的物の過大評価により不当な支出が行われやすいばかりでなく、これを自由に認めると現物出資を潜脱する方法として利用されるおそれがある。そこで、会社法は財産引受を変態設立事項（28条2号）として、厳格な規制を加えている。したがって、定款に記載・記録のない財産引受は無効である。しかし、会社がこれを追認することができるかどうかについては見解が分かれている。判例は、これを認めると財産引受に関して厳重な要件を定めた法の趣旨を没却させることになるとして、一貫してこれを認めていない。

3) 発起人の報酬・特別利益（28条3号）

発起人は設立中の会社の機関として職務を遂行する。この職務の対価が報酬である。また、発起人には会社設立の企画者として、その功労に対して特別の財産上の利益が与えられることがあるが、これを特別利益という。これらは、取締役の報酬と同様、お手盛りの危険があるため規制されている。

4) 設立費用（28条4号）

発起人が設立手続を行うためには、さまざまな費用を支出する。定款または株式申込証の作成費用、事務所の賃貸料、定款の認証料などを支払う必要がある。本来は会社成立のための費用だから、成立後の会社が負担することも認められる。しかし、無制限な支出を許すと、濫費により会社の財産的基礎が害されるおそれがあるので、変態設立事項として厳格に規制されている。

判　例
　「本件営業譲渡契約は、商法168条1項6号（会28条2号）の定める財産引受に当た」り、「Yの原始定款に同号所定の事項が記載されているのでなければ、無効であり、しかも、同条項が無効と定めるのは、広く株主・債権者等の会社の利害関係人の保護を目的とするものであるから、……何人との関係にお

いても常に無効であって、設立後のＹが追認したとしても、あるいはＹが譲渡代金債務の一部を履行し、譲り受けた目的物について使用若しくは消費、収益、処分又は権利の行使などしたとしても、これによって有効となりうるものではない」（最判昭 61・9・11 判時 1215 号 125 頁）

17　預合いと見せ金

　発起設立であろうと募集設立であろうと、株式を引き受けた者は、払込取扱機関に全額を払い込まなければならないが、あたかも払込みがあったかのように見せかけることがある。これを仮装払込といい、その代表例として、預合い（あずけあい）と見せ金とがある。

1）預　合　い

　預合いとは、発起人が払込取扱機関より金銭を借り入れ、その借入金を払込取扱機関に払込金として払込み（実際は、払込取扱機関の帳簿上での金銭の移動があるだけ）、その際、発起人が借入金を返済するまでは払込金を引き出さないことを払込取扱機関との間で約束するものである。形式的には払込みがなされるので、設立手続に従い会社は成立するが、会社は成立後であっても払込金を返還してもらえない。このように払込機関に払込金はあるものの、この払込金を会社が利用できないことから、払込みがなかった場合と同じように考えることができる。

　払込取扱機関による払込金については、発起設立ではその払込みがあったことを証する書面（払込証明書類）が、募集設立ではその保管証明書が株式会社の設立登記に必要である（商登 47 条 2 項 5 号）。払込取扱機関が払込金の保管証明をした場合には、その証明した払込金額について返還制限を付していることを理由として、払込金の返還を会社に対して拒むことはできない（64条 2 項）。また預合いを行った者は、処罰される（965 条）。預合いによる払込みは、無効であると解し得る。なお、立法担当官は預合いによる払込を有効

であると解している。学界と立法担当者との間で見解が異なっている。

2) 見 せ 金

　見せ金とは、発起人が払込取扱機関以外の第三者より金銭を借り入れ、その借入金を株式の払込みにあて、会社が成立した後にこれを引き出し、この金銭を借り入れた第三者に対する返済にあてる方法である（一般的には、引き出した金銭を会社が発起人または取締役に貸し付ける形をとり、彼らがそれを借入先の第三者への返済にあてることになる）。

　見せ金による払込みは、預合いとは異なり、実際に金銭が払い込まれている。そこでこのような行為が、預合いを防止することの潜脱行為であり有効な払込みであるか否かについては、見解が分かれている。判例（最判昭38・12・6民集17巻12号1633頁）は、株式の払込みは資本の充実を図り、これにより現実に営業活動の資金が獲得されなければならないとし、会社資金を確保する意図はなく一時的に借入金により株式払込の外形を整え、会社成立後直ちに払込金を払い戻して借入先に返済する場合には、単に外見上株式会社の払込みの形式をこそ備えているものの、実質的に払込みがあったとはいえないとして、払込みの効力を否定している。

判 例

　「株式の払込は、株式会社の設立にあたってその営業活動の基盤たる資本の充実を計ることを目的とするものであるから、これにより現実に営業活動の資金が獲得されなければならないものであって、このことは、現実の払込確保のため商法が幾多の規定を設けていることに徴しても明らかなところである。従って、当初から真実の株式の払込として会社資金を確保するとの意図なく、一時的の借入金を以て単に払込の外形を整え、株式会社設立の手続後直ちに右払込金を払い戻してこれを借入先に返済する場合の如きは、右会社の営業資金はなんら確保されたことにはならないのであって、かかる払込は、単に外見上株式払込の形式こそ備えているが、実質的には到底払込があったものとは解し得ず、払込としての効力を有しないものといわなければならない」（最判昭38・12・6民集17巻12号1633頁）

18 株式仮装払込みに関する責任

　平成 26 年会社法改正で株式仮装払込に関する責任が改正された。会社設立の手続および会社成立後の募集株式発行等の手続において株式引受人が出資の履行を仮装した場合、株式引受人は株主となる権利を失うことなく、引き続き出資を履行する義務を負う（52 条の 2 第 1 項、102 条の 2 第 1 項、213 条の 2 第 1 項）。出資の履行の仮装に関与した発起人や取締役等も同額の金銭の支払義務を負うが，その職務を行うについて注意を怠らなかったことを証明すれば，支払義務を免れる（52 条の 2 第 2 項、103 条 2 項、213 条の 3 第 1 項）。支払義務を果たした後でなければ、払込を仮装した設立時株式について、株主の権利を行使することができないものとされた（102 条 3 項）。

　また，新株予約権を行使した新株予約権者につき払込みの仮装があった場合についても、同様の規定が置かれている（286 条の 2 第 1 項、286 条の 3 第 1 項）。

19 会社設立関与者の責任

　発起人、設立時取締役または設立時監査役は、会社設立に関してその任務を怠ったため成立後の会社に損害が生じた場合は、会社に対して損害賠償責任を負う（53 条 1 項）。また、悪意、重過失によって第三者に損害を与えたときは、第三者に対しても損害賠償をしなければならない（同条 2 項）。

　現物出資・財産引受の目的財産の会社成立当時の実価が定款所定の価額に著しく不足するときは、発起人および設立時取締役は会社に対して不足額を支払わなければならない（52 条 1 項）。ただし、会社法の規定に従って検査役の調査を受けた場合、または発起人・設立時取締役が注意を怠らなかったことを証明したときは、発起人（現物出資者または財産引受の財産の譲渡人である者を除く）、設立時取締役はこの責任を負わない（同条 2 項）。もっとも、募集設立の場合は設立時募集株式の引受人保護の観点から、発起人・設立時取締役

は、注意を怠らなかったことを証明して責任を免れることはできない（無過失責任：103 条 1 項）。

　なお、募集設立の場合、発起人ではないのに募集の広告その他募集に関する書面等に自己の氏名・名称と会社の設立を賛助するような記載を承諾した者は、擬似発起人とよばれ、発起人と同様の責任を負う（103 条 4 項）。

20　会社の不成立と設立無効

1）会社の不成立

　会社不成立の場合の責任、すなわち、会社は設立登記によって初めて法人格を取得するのだから、設立登記に至らなければ、会社は成立しない。しかし、このように設立手続が始められたのに設立登記に至らなかった場合でも何らかの費用が使われているはずだから、それを誰が負担するのかが問題となる。この問題について、会社法は、すべて発起人の責任とし、募集設立の場合でも発起人以外の株式引受人には一切負担をかけないものとしている。設立企画者・設立中の会社の機関である発起人のみが連帯責任を負うことになる（56 条）。

2）会社の設立無効

　設立登記が行われ、外形的には会社が成立した場合であっても、会社成立のための法定要件を欠く場合には、その設立は、本来無効となるはずである。たとえば、定款の絶対的記載事項が欠けていた場合、定款につき公証人の認証がない場合、発起人全員の同意が必要な事項を発起人全員の同意なく行った場合、募集設立の方法によるときに創立総会が開かれなかった場合などである。しかし、すでに活動を開始している会社の設立の無効を一般原則に委ね、いつでも、誰からでも、どのような方法でも、無効を主張できるとすると、法律関係に混乱が生じ、取引の安全を害することになる。そこで、法定要件を欠く会社を当然には無効とせず、当事者の無効主張をもって初めて、

しかも、将来に向かって無効とする制度を採用している。これが設立無効の訴え（形成訴訟）という制度である。

設立無効は、他の会社法上の訴えの制度と同様に、無用な法的混乱を抑制する趣旨から、会社成立の日から 2 年以内に、株主・取締役・執行役・監査役（会計監査権のみを有する者を除く）・清算人に限り、設立無効の訴えによってのみ主張することができる（828 条 1 項 1 号・2 項 1 号・同項 9 号）。濫訴防止のために、株主が設立無効の訴えを提起した場合には、会社は、裁判所に対して、担保の提供を請求することができる（836 条 1 項）。設立を無効とする判決が確定すると、多数の利害関係人に対して法律関係を画一的に確定するため、その判決の効果は、第三者にも及ぶものとされる（対世的効力：838 条）。無効の遡及効は否定されている（839 条）。そして、会社は、無効判決確定後、解散に準じて清算手続を行うことになる（644 条 2 号）。

21　会社の設立登記とその効果

1）設立登記をすると会社は成立する

会社は設立の登記によって成立し（49 条、911 条 1 項・2 項）、同時に法人格を取得して営業活動を行えるようになる。また、設立過程で将来の会社のために取得した財産（出資金、現物出資物）は、当然、成立した会社の財産となる。ただし、その財産の取得を第三者に主張するために必要な行為（登記や登録など、いわゆる対抗要件）は設立過程では行わず、会社成立後でもできる（34 条 1 項ただし書）。

インターネットが普及したため、会社の支店の所在地の登記所から本店所在地等を検索するための仕組みを維持する必要性がなくなり、登記申請義務を負う会社の負担軽減等の観点から、令和元年改正により、会社の支店の所在地における登記は不要となっている。また、令和元年改正により、新株予約権および株主総会資料の電子提供措置に関する登記事項が追加されている（911 条 3 項 12 号の一部追加、12 号の 2 の追加）。

2）会社の成立により生じる効果

会社法は、会社の成立の効果として、次のことを規定している。

（a）権利株譲渡の禁止の解除

権利株とは、会社成立前の株式引受人の地位・権利、つまり将来の株主の地位・権利のことをいう。会社法は、投機の助長を防ぐため、権利株の譲渡は会社に対抗できないと規定している（35条、63条2項）。会社が成立すると（株券発行会社では、株券が発行された後は）、（会社成立前には権利株であった）株式の譲渡が可能となる。

（b）株式引受の無効・取消しの禁止

株式を引き受けた者は、冗談や仮装行為を理由に無効を主張できないほか、会社成立後には、錯誤、詐欺および強迫を理由に取消しの主張ができなくなる（51条、102条3項・4項）。これらの主張を認めると、会社の設立が不安定な状態に置かれるからである。しかし、制限能力者（権利・義務をもつための行為を1人で完全にできない者）の取消しや、詐害行為の取消しは禁止されていない。

（c）株券の発行義務

会社はその成立後、株券発行会社では、速やかに株券を発行する義務がある（215条1項）。ただし、全部の株式について譲渡制限の定めのある非公開会社では、株主が請求したときに株券が発行される（同条4項）。

第2章

株主と株式

1　株式の概念

1)　株式とは

　会社に出資すると構成員たる地位（資格）を取得する。その構成員たる地位を株式会社では株式とよび、株式の帰属主体を株主とよぶ。株主が会社に対してもつ権利はすべてこの株式に含まれていると解するのが、通説・判例の立場である（社員権説）。

　株主としての地位を意味する株式は、合名会社その他の会社における社員の地位（持分という）と基本的には同じであるが、均一の大きさに細分化され割合的単位となっている点に特色がある。たとえば、100株を発行している会社の1株は、会社全体に対し100分の1の割合的地位をもっているということになる。

　株式会社において株主の地位がこのように均一の大きさに細分化されているのは、多数の者が会社に参加しても、画一的に簡便な処理ができるようにするためと、株式の譲渡が円滑に行われるようにするためである。各株主は、保有する株式の数に応じた数の株主の地位を有すると解されており（持分複数主義）、合名会社および合資会社の各社員が出資額に応じて大きさの異なる1個の地位を有する（持分単一主義）のとは異なる。ただ、会社法では、この均一性が崩れてきている（後述「9　特別の株式と異なる種類の株式」参照）。

　割合的単位である株式は、それをさらに部分的な株式に分けることはできない。たとえば、1個の株式を2分して半分を他人に譲渡し、0.5株ずつ保

有することは認められない。これを株式不可分の原則という。1個または数個の株式を数人で共有すること（株式の共有）は差し支えない（106条参照）。また、株式そのものを小さく分割すること（株式の分割）も認められる（後述「8　株式の併合と分割」2）参照）。

　株式は会社に対する種々の権利（剰余金配当請求権、残余財産分配請求権、議決権等）の束と考えられている。

2) 無額面株式

　株式には、従来、額面株式（定款に1株の金額が定められ、それが株券上に記載されている株式）と無額面株式（1株の金額が定められておらず、株券上に株式数のみが記載されている株式）とがあったが、現行法では、会社は、無額面株式のみを発行することとされている。

　無額面株式においては、発行価額に制限がないので、株価が下落している場合でも、新株を発行して資金を調達できる。また、株式分割を行う場合、取締役会決議により無額面株式を追加発行するだけでよく、手続が簡単にすむというメリットがある。

　平成13年改正商法は、株式単位の自由化の観点から、制約（発行価額は額面金額以上など）の多い額面株式を廃止した。これにより、株式には額面・無額面の区別がなくなった。また、資本金と株式との関連性は、原則として払込金額の全額が資本金となる（445条：例外として、払込金額の2分の1を超えない額を資本金に組み入れずに資本準備金とすることができる〔同条2項・3項〕）ことを除いて、完全に断ち切られることになった。

2　株主の権利・義務

　株主は、その地位に基づいて会社に対して権利を有し義務を負う。しかし、株主同士の間では直接の法律関係がなく、株主が他の株主に対して権利・義務を有することはない（誠実義務を認める少数説あり）。株主の権利には種々の

コラム　株主優待制度

　株主優待制度とは、企業が株主に対して配当のほかに製品やサービスを提供する制度のことである。株主に対する会社側の感謝の気持ちで、会社のことをもっと知ってもらい、株主との良好な関係を築いていきたいというIR活動の1つである。個人株主の増加に伴い株式投資の魅力も増す。株主優待の商品は、自社製品や食事券、割引券など、各社が独自に設定していて内容・種類はさまざまある。株主優待を金額換算することで、投資額対比の利回り計算をすることも可能である。

ものがあり、さまざまに分類されるが、一方、株主の義務は出資義務のみである。

1）自益権と共益権

　自益権は、株主が会社から経済的利益を受けることを目的とする権利であり、その中心的なものは、剰余金分配請求権（105条1項1号）と残余財産分配請求権（同条1項2号）である。そのほか、株式買取請求権（469条、785条等）、名義書換請求権（133条1項）などがある。一方、共益権は、株主が会社の管理運営に参加することを目的とする権利であり、その中心をなすのは、株主総会における議決権（105条1項3号）である。共益権には、そのほかに株主総会における質問権（314条）、株主総会決議取消権（831条）、代表訴訟（取締役等の責任追及等の訴え）提起権（847条）、取締役等の違法行為差止請求権（360条）、総会招集権（297条）、役員の解任請求権（854条）、帳簿閲覧権（433条）、解散請求権（833条）などがある。

　株主には、株主平等の原則が適用される。株主平等の原則とは、株主はその保有する株式数に応じて、会社から平等に取り扱われなければならないとの原則をいう（109条1項）。しかし、会社は異なる種類の株式を発行できるほか、非公開会社では、①剰余金配当請求権、②残余財産分配請求権、③議決権について、株主ごとに異なる取扱いができる旨を定款に定めることができる（同条2項・3項）。

2) 単独株主権と少数株主権

　株主の権利には、単独株主権と少数株主権がある。単独株主権は1株しか有していない株主でも行使できる権利であり、一方、少数株主権は総株主の議決権の一定割合または一定の議決権数を有する株主だけが行使できる権利である。自益権はすべて単独株主権であるが、共益権は単独株主権と少数株主権がある。これらの権利には、濫用を阻止するために、原則として6か月の株式保有の要件の具備を要するものもある。

　少数株主権には、原則として総株主の議決権の1％以上または300個以上の議決権を有する株主に与えられる提案権（303条：取締役会設置会社）、1％以上の議決権を有する株主に与えられる総会検査役選任請求権（306条）、3％以上の議決権を有する株主に与えられる総会招集請求権（297条）、議決権または発行済株式の3％以上を有する株主に与えられる役員の解任請求権（854条）・帳簿閲覧権（433条）および業務財産調査検査役選任請求権（358条）などがある。このような権利が、単独株主権ではなく少数株主権とされたのは、濫用の弊害が大きいためである。

3) 反対株主の株式買取請求権

　一定の会社の基礎的変更の場合に、多数決で決議が成立したときには、反対株主に、経時的救済を与えるため、投下資本を回収する途を与える制度を設けているが、平成26年改正で、反対株主の株式買取請求権の制度の改正が行われた。すなわち、株式買取請求権を行使した株主は、会社の承諾を得た後でなければ、当該請求を撤回することができなくなった（116条7項、182条の4第6項、469条7項、785条7項、797条7項、806条7項）。例として、とりあえず買取請求を行使しておき株価が上昇したときは、株主の都合で撤回するといった濫用的な株式買取請求権の行使を防止するためである。しかし、従来、株券発行会社の株式については、反対株主が株式買取請求を行いつつ株券を交付し、株式譲渡を行うこともでき、事実上、会社の承諾なしに買取請求の撤回が可能となっていた。そこで、今回の改正では、買取請求の撤回制

限がより実効的なものとなるよう、株券が発行されている株式について株式買取請求をしようとする反対株主は、会社に対し、当該株式に係る株券を提出しなければならないことになった（116条6項、182条の4第5項、469条6項、785条6項、797条6項、806条6項）。なお、上場株式についても上記のような問題が生じるため、社債、株式等の振替に関する法律を改正し、新たに買取口座の制度を設けることにより、この問題に対処している（株式買取請求に関する会社法の特例）（社株振法155条）。

4）株主の義務

　株主が会社に対して負う義務は、株式の引受価額を限度とする出資義務のみである（104条）。会社法では、株主は会社の成立前または新株発行（募集株式の発行）の効力発生前に出資義務を履行することになっているので、株主となった段階においては株主に義務は残っていない。

3　株　　　券

1）株券の意義

　株券とは、株式（株主権）を表章した有価証券である。株主は、出資した金銭を会社から払い戻してもらうことはできず（払戻禁止の原則）、出資した金銭を回収するには、原則として株式を他人に譲渡するしか方法がない。株式を譲渡する際、株券発行会社では、株券を譲受人に交付しないと、譲渡の効力が生じない（128条1項）。そこで会社法は、株券発行会社に対し、株式を発行した日以後の速やかな株券の発行を強制している（215条）。

　株式会社は定款に、その発行する株式に関わる株券を発行する旨を定めることができる（214条）。この定款の定めを置く株式会社を、株券発行会社とよぶ（117条7項）。改正前商法では、株式の自由譲渡性の保障のため、株券を発行することが原則であったが、会社法では株式振替制度（後述の「コラム　株式振替制度（株券のペーパーレス化）」参照）による株式流通が前提とされ、株

券発行会社は例外として位置づけられる。

　株券発行会社の株式は、株券の交付が譲渡の効力要件であり（128条1項）、株券の占有者には、当該株券に関わる株式を適法に有する者との法律上の推定がはたらき（131条1項）、悪意・重過失なく株券の交付を受けた者は、当該株券に関わる株式の権利者となる（善意取得：同条2項）。なお、株券を喪失した場合には、株券失効制度により喪失株券を無効とし、会社に対して株券の再発行を請求できる（221条以下）。

　株券には、株券番号、株券発行会社の商号、当該株券に関わる株式の数・種類、株式が譲渡制限株式である場合はその旨が記載され、株券発行会社の代表取締役（委員会設置会社は代表執行役）の署名または記名押印がなされる（216条）。

2）株券の発行

　株券発行会社においては、株券発行前に株式譲渡の意思表示をしても、会社に対しては無効であるので（128条2項）、株主が株式譲渡をすることができるようにするために会社に株券交付義務を課している。株券発行会社は原則として、株式の発行・併合・分割をした場合、遅滞なく株主に当該株式に関わる株券を交付しなければならない（215条1項〜3項）。

3）株券の提出

　株券発行会社が、定款を変更して発行する全株式（または一部の種類の株式）を譲渡制限株式とする場合、株式の併合をする場合、株券発行会社が取得条項に基づいて株式を強制取得する場合、株券発行会社が組織変更・合併・株式交換・株式移転を行う場合、いずれの場合でも、当該株券発行会社は株式の全部について株券を発行していない場合を除き、該当する全株式の株券を回収する必要がある。当該株券発行会社は、当該行為の効力発生期日までにそれぞれの行為の効力発生期日の1か月前までに、株券を会社に提出するべきことを公告し、かつ株主および登録質権者には個別に通知しなければなら

ない（219条）。会社に株券の提出ができない者は、発行会社に、利害関係人に対して一定の期間内（3か月以上でなければならない）に異議があれば述べるべき旨を公告するように請求できる。この異議申述期間内に異議がなければ、請求者が金銭等を受けることができる（220条）。

4 株式の譲渡とその制限

1）株式の自由譲渡性

　株主にとっては、会社の解散や剰余金分配等の場合を除き、原則として株式を譲渡する以外には投下資本を回収する方法がないため、株式の自由譲渡性を認める必要がある。会社法は、原則として株式の自由譲渡性を認めるが（127条）、例外として、①法律による制限（時期による制限〔35条、63条2項、208条4項、128条2項〕、子会社による親会社株式の取得の制限〔135条1項など〕）、②定款による制限、③契約による制限がある。

2）定款による株式の譲渡制限

　多くの中小企業の場合、株主がその株式を自由に譲渡することを望まない。なぜなら、株式の譲渡は株主の交代を意味し、今までの株主と異なる者が株主になって会社（株主総会）に参加してくると、会社の経営方針その他を大きく変更させられる可能性があり、他の（従来の）株主にとっても不都合だからである。

　このように、株式の自由な譲渡を欲しない会社は、定款に以下のように定め、株式の譲渡を制限することが可能である。①株式の全部につき株式の取得に会社の承認を要する旨の定めを設けることができ、このときは、定款に、その旨と、一定の場合に承認したものとみなすときはその旨およびその一定の場合を定める。また、②一部の特定の種類の株式のみに譲渡制限を設けることもできる。これを譲渡制限種類株式という。この場合も、定款の定めは上述①のようにする。承認請求は、譲渡人からも株式取得者からもできる。

承認の決定は、定款に別段の定めがない限り、取締役会設置会社では取締役会、その他の会社では株主総会が行う。定款で定めれば、代表取締役を承認機関とすることもできる。承認しないときは、会社または指定買受人への買取請求もできる（136条以下）。

> **判 例**
> 「旧商法204条1項但書は、株式の譲渡につき、定款をもって取締役会の承認を要する旨定めることを妨げないと規定し、株式の譲渡性の制限を許しているが、その立法趣旨は、もっぱら会社にとって好ましくない者が株主となることを防止することにあると解される。そして、右のような譲渡制限の趣旨と、一方株式の譲渡が本来自由であるべきことに鑑みると、定款に前述のような定めがある場合に取締役会の承認をえずになされた株式の譲渡は、会社に対する関係では効力を生じないが、譲渡当事者間においては有効であると解するのが相当である」（最判昭48・6・15民集27巻6号700頁）

3) 株式の譲渡方法

株式の譲渡は、株券発行会社では株券を相手方に交付して行う（128条1項）。ここにいう「譲渡」とは、売買ほか、贈与や交換などをさす。

平成16年6月の商法改正により、株券不発行会社では、株式の譲渡は当事者間の合意のみで行われ、それを会社その他の第三者に主張するために、譲渡当事者が共同で株主名簿の名義書換（譲渡制限株式は譲渡承認を受けて）を行うことになった（会社からの取得時を除く）。また、上場会社などでは、株式振替制度が利用され、株式の譲渡は、振替機関等に振替口座を設け、譲渡人が振替えの申請をして、譲受人の振替株式数の増加の記載（記録）をしないと、その効力は生じないことになる。振替機関等から会社に通知があると、会社は、株主名簿の名義書換を行う。

5 株主名簿と名義の書換

1) 株 主 名 簿

　株主名簿とは、株主の氏名と住所、その持株数などを記載した帳簿である（121条）。株主以外に、株式を担保として金銭を貸した質権者も記載できる。

　この帳簿は、会社が誰を株主ないしは質権者として取り扱えばよいかを決めるためのものであり、会社は株主総会の招集通知、剰余金配当通知などの通知または催告（履行や申し出などの請求）を、株主名簿に記載された株主に対して行えばよい（126条）。したがって、株券不発行会社のほか、株券発行会社でも、新たに株主となった株式譲受人は基準日（株主名簿に記載されている株主・登録質権者を権利行使者と定める一定の日）までに、株主名簿に自己の氏名や住所などの記載（これを名義書換という）を請求しないと（社からの取得時を除く）、会社からの通知や催告が行われず、その結果、会社に対する株主としての権利を行使する機会を失うことになる。

　平成17年改正前商法は会社法125条3項のような拒絶事由を特に定めておらず、会社法によって、会計帳簿閲覧請求の場合における拒絶事由（433条2項）と同様の事由が新設された。そして、「請求者が当該株式会社の業務と実質的に競争関係にある事業を営み、またはこれに従事するものであるとき」（平成26年改正前125条3項3号〔改正前3号〕）が拒絶事由の一つとされていた。株主名簿の閲覧については、会計帳簿の場合と異なり、競争者に該当するということだけで閲覧請求を拒絶できるのは妥当でないと解せられる。平成26年改正で改正前3号が削除された（なお、同趣旨として252条3項）。

2) 名義書換の効果

　名義書換がなされると、以後、株式譲受人は会社に対して株主であることを主張することができ、会社もその者を株主として取り扱う義務がある（ただし、無権利者が名義書換を受けたときは、会社はその者を株主として取り扱う義務はな

い）。株式が譲渡され名義書換がなされるまでの間、会社が自己のリスクで名義書換未了の譲受人を株主として取り扱うことができるかについて、判例はこれを認めている（最判昭30・10・20民集9巻11号1657頁）。また、たとえば、会社が不当に名義書換を拒絶した場合や、過失により名義書換を怠った場合のように、例外的に名義書換未了の者が会社に対して自己が株主であることを主張できる場合がある（最判昭41・7・28民集20巻6号1251頁）。

　なお、平成17年6月成立の会社法では、株主が行使できる権利が株主総会または種類株主総会の議決権の場合、その株主の権利を害さないときは、会社は、基準日後の株式取得者の全部または一部を権利行使者と定めることができると規定している（124条4項）。

判　例

　「正当の事由なくして株式の名義書換請求を拒絶した会社は、その書換のないことを理由としてその譲渡を否認し得ないのであり（大審院昭和3年7月6日判決、民集7巻546頁参照）、従って、このような場合には、会社は株式譲受人を株主として取り扱うことを要し、株主名簿上に株主として記載されている譲渡人を株主として取り扱うことを得ない。そして、この理は会社が過失により株式譲受人から名義書換請求があったのにかかわらず、その書換をしなかったときにおいても、同様であると解すべきである」（最判昭41・7・28民集20巻6号1251頁）

6　株式の担保化

株式の担保化

　株式は財産的価値を有しており担保権の対象となりうる。会社法は、株式の担保方法として、略式質と登録質しか定めていないが、譲渡担保による方法も可能で、実務では手続が比較的簡単な譲渡担保の方が多く利用されているようである。

（a）質入れ

債権者が債務者の所有する株券を占有（所持）し、債務が弁済されない際に、株式の価値から優先的に弁済を受ける（株券の競売によって金銭を得る）ものである。まず、株式の質権設定契約（株式を質物とするという契約）を締結する。この契約は、株券を質権者（債権者）に交付することで成立する（146条2項）。株券を占有しているだけのこの質権を「略式質」という。また、会社に対して質権を主張するには、質権者は会社に対し、株主名簿にその氏名（名称）、住所を記載することを請求し、それが実行される必要がある（148条）。株主名簿に記載された質権を「登録質」という。両者とも物上代位権（たとえば、株式会社による取得の際などに、株主が受け取る金銭にも質権が及ぶこと）、ならびに、株式への剰余金配当に対する優先弁済権（他の債権者よりも優先的に自分の債権の弁済にあてられる権利）を有する。ただし、略式質の場合、質権者は金銭が債務者に支払われる前に差し押さえなければならない。

なお、株券不発行会社では、株券がないので、登録質のみが認められる。また、株式振替の特例（後述の「コラム　株式振替制度（株券のペーパーレス化）」参照）もある。

（b）譲渡担保

株式の譲渡担保は、債務者から債権者へ株券の所有権を一時的に移し、債務が弁済されない場合、債権者が確定的に株主となるものである。質入れと同様に「略式譲渡担保」と「登録譲渡担保」がある。株主名簿の名義書換をしないのが前者であり、後者は債権者が株主として記載される。譲渡担保権の設定と株券の交付で契約が成立することなどは、質入れと同様である。株券不発行会社では、債権者に名義書換をする登録譲渡担保とすることになる。

7　自己株式の取得・保有（金庫株の解禁）と処分

1）自己株式の取得・保有

自己株式とは、会社が発行した株式を自社で保有することである（113条4

コラム　株式振替制度（株券のペーパーレス化）

　旧商法では、株券は原則として発行しなければならないとされていた。これに対して、会社法では、株券の発行は、定款で発行する旨を定めた会社が株券を発行するとされ、株券が発行しないことが原則とされた（214条）。株券発行会社の場合には、株式を譲渡する際には、株券を交付することによって行われる。一方で株券を発行すると、紛失といった危険性や上場会社の株式のように頻繁に売買されるような場合には、そのたびに実際に株券の交付を行わなければならず、手続が煩雑になるという問題点もある。そこで、「社債、株式等の振替に関する法律」によって株券不発行を前提とする株式振替制度がつくられた。この法律は準備等の都合で、平成21年に施行された。この制度は、株式振替機関や口座管理機関をつくり、譲渡等がなされたときには、譲渡人の口座から譲受人の口座に譲渡された株式数を振り替えることによって効力を生じさせるものである。この振替制度は、株式譲渡制限会社以外の株券不発行会社で振替制度利用に同意した会社が利用することができる（上場会社は利用が強制される）。この制度が施行されると、施行日にすでに発行されている対象となる株券は無効となる。

項）。自己株式の保有は、以前は資本充実や株主平等原則等違反などの弊害があるとして原則として禁止されていた。

　しかし以下のような一定の規制の下に原則として自己株式の取得・保有が許容されることとなった。①取得条項付株式の条件の発生による取得（155条1号）、②譲渡制限株式の譲渡承認をしない場合（同条2号）、③総会決議による場合（同条3号）、④取得請求権付株式の請求権の行使による取得（同条4号）、⑤全部取得条項付種類株式の取得の場合（同条5号）、⑥相続人等に対する売渡請求による取得（同条6号）、⑦単元未満株式の買取請求権の行使による取得（同条7号）、⑧所在不明株主の株式の買取による取得（同条8号）、⑨端数株式の買取による取得（同条9号）、⑩他の会社の事業全部の譲受けに伴う取得（同条10号）、⑪合併の際に消滅会社からの株式を承継する場合の取得（同条11号）、⑫吸収分割する会社からの株式取得（同条12号）、⑬法務省令で定める場合による取得（同条13号）の場合である。

　取得した自己株式はそのまま会社が保有することが認められている。これ

はいわゆる金庫株とよばれている。自己保有株式は、議決権（308条2項）、剰余金配当請求権（453条）、株主割当てによる募集株式の株式引受権（202条2項）、株式の無償割当てを受ける権利（186条2項）、残余財産分配権（504条3項）は行使できない。

2) 自己株式の処分

　自己株式を処分する方法としては、消却と売却がある。消却は、特定の株式を消滅させることである。消却するには、取締役会設置会社では取締役会の決議、その他の会社では取締役または執行役の決定によって行うことができる（178条）。消却により発行済株式数は減少し、他の株式の価値が増大することになる。売却は、募集株式の発行と同様に行うことができ、募集株式を受ける者にとって特に有利な金額による場合を除き、公開会社では取締役会（201条1項）または取締役会の委任を受けた執行役（416条4項）が決定することができる。公開会社以外の会社では、株主総会決議（199条2項）を経て売却することができる。自己株式を誰が取得するかは、募集株式の発行の際に、株式の割当てを誰が受けるかということと同じ問題であるので同様の規制に服する（199条）。このとき、募集株式数の上限と払込金額の下限を定めて、募集事項の決定を取締役会設置会社では取締役会に、その他の会社では取締役または執行役に委任できる（200条1項）。

8　株式の併合と分割

1) 株式の併合

　株式の併合とは、たとえば2株を1株に、あるいは5株を2株とするように数株をあわせてそれよりも少数の株式とすることである（180条）。株式の併合は、一般に、株価が下落した場合にその価額を引き上げる目的、会社が株主を管理する費用を削減する目的、会社の合併や分割の準備をする目的などで行われる。

株式の併合は、議決権数の減少等株主の利益を縮減させることになるので、厳格な手続が必要とされ、取締役は株主総会に株式併合の必要性を示したうえで、併合の割合、併合の効力発生日、種類株式を発行している会社では併合する株式の種類を特別決議（309条2項4号）で決定することが必要とされている。そして、効力発生日の2週間前までに株主および登録質権者に通知または公告を行わなければならない（181条）。さらに、株券発行会社では株券提出公告・通知も必要である（219条1項2号）。併合によって、株主は保有株式数に併合割合を乗じて得た数の株式の株主となる。

　平成26年の改正で公開会社では、発行可能株式数は、発行済株式総数の4倍を超えることができないとされた（180条3項）。また同改正では、株式の併合により、端株が生じる場合には、株式の併合についての反対株主は、端株のすべてを会社に対して公正な価格での買取りを請求することができるとされ（182条の4）、反対株主の保護が図られたことにより、株式の併合によるキャッシュ・アウトが可能となった。

2）株式の分割

　株式の分割とは、たとえば1株を2株に、あるいは2株を3株のように既存の株式を細分化することである（183条）。株式の分割は、株価が高騰している場合に、分割によって1株の株価を下げ、その流通を促進する目的やいわゆる株式配当（剰余金配当を行わず、それに代えて無償で株式を交付すること）の目的などで行われる。

　株式分割は、議決権数の増大等、株主の利益を拡大させるので、取締役会設置会社では取締役会決議、その他の会社では株主総会の普通決議で行うことができる（183条2項）。決議の内容は、分割の割合および基準日、分割の効力発生日、種類株式を発行している会社では分割する株式の種類である。株式分割の場合、分割後の発行済株式総数が、定款に記載された発行可能株式総数を超えたとしても、株主総会の決議によらずに定款の変更を行うことができる（184条2項）。

9 特別の株式と異なる種類の株式

1) 特別の株式

　特別の株式とは、会社が発行する全株式の内容について次のような特別の定めのある株式である。①株式を譲渡する際に会社の承認を必要とする譲渡制限、②株主が保有している株式の取得を会社に対して請求できるとする請求権、③会社が一定の事由の発生を条件として株主から株式を取得できる（107条1項）。

　この特別の株式は、2）種類の異なる株式と同様、資金調達の容易化や多様な支配関係の確保のために発行される。

2) 種類の異なる株式

　会社法では、会社が発行する株式の権利の内容は同一を原則としているが、資金調達の容易化と多様な支配関係の確保をできるようにするために、異なる種類の株式の発行をすることができるとしている（108条1項）。異なる種類の株式として以下のものがある。①剰余金の配当が異なる株式、②会社解散後の残余財産の分配が異なる株式、③株主総会において議決権を行使できる事項を定めた議決権制限株式、④株式を譲渡する際に会社の承認が必要な譲渡制限株式、⑤株主が会社に対して株式の取得を請求できる取得請求権付株式、⑥一定の事由を条件として会社が株式を取得する取得条項付株式、⑦株主総会の決議で特定の種類株式の全部を取得できるとした全部取得条項付種類株式、⑧株主総会や取締役会の決議事項につき種類株主総会の決議を要する拒否権付株式、⑨取締役・監査役の選解任権のある取締役等選解任権付株式がある。①と②については、通常の株式（普通株）より有利に取り扱われるものを優先株、不利に取り扱われるものを劣後株、一部有利で、一部不利な取扱いを受けるものを混合株という。また、⑨は、委員会設置会社と公開会社では発行が認められない。

10 特別支配株主による株式等売渡請求（キャッシュ・アウト）

　まず、公開会社では、一般に、有利発行に該当しない場合には取締役会の決議のみで、第三者割当てまたは公募による募集株式の発行等を行うことができる（201条1項）。しかし、特に第三者割当てについては、取締役会の決議のみによって既存株主の持株比率の希釈化を生じさせ、さらには支配株主の異動を伴うこともあるため、既存株主にとっては望ましいものではない。実際、第三者割当増資が大規模に行われ争われた事例も散見されるようになり、この問題が顕在化してきた（ニッポン放送事件等）。

　そこで、平成26年改正において特別支配株主の株式等売渡請求制度が新設された（179条〜179条の10）。この制度は、議決権の10分の9以上を直接・間接に保有する株主（特別支配株主）に、いつでも、その一方的な請求により、強制的に、他の株主の株式を金銭を対価として買い取ることを認める制度である。一般に、このように少数株主を解消すること（＝会社を100％子会社とする仕組み）を「キャッシュ・アウト」と呼んでいる。会社法では、金銭を対価とする合併や株式交換、全部取得条項付種類株式の取得、株式併合などを用いることによりキャッシュ・アウトを行うことが可能である。しかし、これらの方法はいずれも株主総会の特別決議を必要とするため、総会開催の費用と時間を要することが課題であった。この点、今回新設された、特別支配株主の株式等売渡請求制度では対象会社の株主総会決議を経ることなく、キャッシュ・アウトを達成できるというメリットがある。

　株式売渡請求と併せて、新株予約権や新株予約権付社債も売渡請求（以下、株式等売渡請求という）をすることができる（179条2項・3項）。株式等売渡請求は、法定事項を定め（179条の2第1項）、対象会社の承認（取締役会設置会社においては取締役会の決議）を必要とする（179条の3第1項・3項）。承認した対象会社は、売渡株主等に対し通知または公告を行わなければならず（179条の4第1項・2項、社株振法161条2項）、売渡株主等に対する通知等により、株式等

コラム　二段階買収とキャッシュ・アウト

　企業を買収するためには株式を買い進めてゆく必要がある。買収対象会社の全株式をスムーズに取得できれば目的達せられるのであるが、そのような場合のみとは限らない。そこで、企業を買収する方法として、二段階に分けて買収をすることがある。すなわち、一段階目でTOB（「Takeover Bid」の略：日本語では「（株式の）公開買付け」）を実施し、二段階目でスクイーズ・アウト（Squeeze Out：日本語で「締め出し」）を行なうのが一般的である。このスクイーズ・アウトはキャッシュ・アウトと同様な意味である。すなわち、意見の対立する少数株主に対して金銭等を交付して強制的に当該株式を買い取り、少数株主を排除することである。平成26年改正では株式等売渡請求制度が設けられ、キャッシュ・アウトの主な手法として定着しつつある。株式等売渡請求制度を用いた二段階買収では、まず、TOBで90％以上の株式を保有することに成功する（＝特別支配株主となる）必要がある。つぎに、特別支配株主は、対象会社の承認（取締役会設置可医者の場合には取締役会決議）を経て他の株主全員に対し、その株式全部を、自己に直接売り渡すよう請求できるようになった。特別支配株主とは総議決権のうち「90％以上」を有しなければならず、この要件のハードルが高いとも言われている。

売渡請求がされたものとみなされる（179条の4第3項）。対象会社は株式等売渡請求に関する書面等を備え置き（179条の5第1項）、売渡株主等はこれを閲覧請求することができる（同条2項）。株式等売渡請求の撤回は、取得日の前日までに対象会社の承諾を得た場合にかぎり、行うことができる（179条の6第1項）。売渡株主等は差止請求をすることができる（179条の7）。売渡株主等は、取得日の20日前の日から取得日の前日までの間に、裁判所に対し、その有する売渡株式等の売買価格の決定の申立てをすることができる（179条の8第1項）。特別支配株主は価格の決定があるまでは公正な売買価格と認める額を売渡株主等に対し支払うことができる（同条3項）。特別支配株主は、取得日に、売渡株式等の全部を取得する（179条の9第1項）。対象会社は、取得日後遅滞なく、売渡株式等の取得に関する書面等を作成し（179条の10第1項）、備え置き（同条2項）、取得日に売渡株主等であった者は閲覧請求することができる（同条3項）。また、売渡株式等の取得の無効の訴えの制度が新設

された（846条の2 〜 846条の9）。

11　単元株制度

1）単元株制度の意義・権利の内容

　単元株制度は、定款で定めれば、一定数の株式をまとめて一単元とすることができる制度である（188条1項）。この制度は、株式の単位は小さいが、大量の株式を発行している大会社などにおいて株主の管理費用削減のために採用された。株式併合の代替的・暫定的な制度ともいうことができる。

　会社は、一定数の株式をもって1単元株式とすることを定款に定めることができる（188条1項）。そして、1単元株式を定めた場合、各株主は1単元につき1個の議決権をもつことになる（189条1項）。ただし、あまり1単元の株式数が大きいと株主の利益を害することになるので1000株を超えることはできない（188条2項、会施規34条）。単元株制度の廃止、および1単元の株式数の減少は、議決権数の増大等、株主の利益を拡大することになるので、取締役会の決議による定款の変更で行われる（195条1項）。

2）単元未満株

　一単元に満たない株式のことを単元未満株式という。単元未満株式は議決権をもたない（189条1項）。したがって、提案権、招集請求権、取締役の解任権など株主総会に関する権限が制限される。さらに代表訴訟（取締役等の責任追及等の訴え）の提起権も単元未満株主には認められない（847条1項）。このため、単元未満株主は、会社に対して単元未満株式の買取を請求することができる（192条、193条）。ただし、以下の権利は単元未満株主であっても行使することができる（189条2項）。①全部取得条項付種類株式の取得対価を受ける権利、②取得条項付株式の取得と引き換えに金銭等の交付を受ける権利、③株式無償割当てを受ける権利、④単元未満株式の買取請求権、⑤残余財産分配請求権、⑥その他法務省令で定める権利（会施規35条）。

会社は定款で単元未満株式について、株券を発行しない旨を定款で定めることができる（189 条 3 項）。

12　株券発行会社

　以前はすべての株式会社で株券の発行が義務づけられていた。しかし、現行法では、定款で定めた場合にのみ株券を発行することができる（214 条）。また、証券取引所に上場している会社では、平成 21 年 1 月に施行された「社債、株式等の振替に関する法律」により株券が廃止された。

　前述のとおり、株券発行会社では、株券は交付によって他人に譲渡することができる（128 条 1 項）。そして、株券の所持には権利推定が働き、株券を持っている者は適法な所持人とみなされる（131 条 1 項）。このため、この推定を信じて株券を譲り受けた者には「善意取得」が認められ（同条 2 項）、その結果、真の権利者の権利がなくなる事態も発生する。そこで、このような不安を解決する手段として会社法は株券不所持制度を設けた。

　株券発行会社の株主が、株券の所持を希望しないときは、その旨を会社に申し出ることができる（217 条 1 項）。このとき、株券がすでに発行されて株主の手元にあるときには、株主はその株券を会社に提出する必要がある（同条 2 項）。会社が回収した株券は破棄され、株券を発行しない旨を株主名簿に記載・記録する（同条 3 項）。

　不所持を申し出た株主が、株式の譲渡や担保の設定のためなどで株券を必要とした場合には、いつでも会社に対して株券の発行を請求できる（217 条 6 項前段）。株券不所持を申し出た後に、再び株券の発行の請求をしたときには、その費用は株主の負担となる（同条 6 項後段）。

第3章

株式会社の機関

1 会社の機関

1) 機関の意義

　株式会社は法人とされ（3条）、権利・義務の帰属主体になれるという点では自然人と同じであるが、自然人と異なり意思・肉体をもたないため、みずから意思決定や行為を行うことはできない。このため、現実的には、個人ないしはその集団が、会社に代わって意思決定や行為を行い、これを法的に会社の意思決定や行為として取り扱うことになる。このように、その意思決定や行為が、法的に会社の意思決定や行為として扱われる者ないしはその地位を機関という。

　株式会社の機関には、株主総会、取締役（会）、代表取締役、監査役（会）、委員会（監査等委員会および指名委員会・報酬委員会・監査委員会）、（代表）執行役、会計参与、検査役（臨時機関）などがあり、会社法に規定が置かれている。

2) 機関の分化

　人的会社の典型である合名会社などでは、出資者で実質的所有者である社員は、みずから会社経営に携わり、企業の所有と経営は一致している。これに対して、株式会社では、一般に社員たる株主が多く存在し、株主全員で経営にあたるのは現実的ではなく、株主は株主総会の機関の構成員として、会社の意思決定に参加するのみで、会社の経営は別の機関に委ねざるをえない（企業の所有と経営の分離）。また、株主は本来、会社の所有者であるが、多数

の株主すべてに経営能力があるとは限らず、また経営に参加する意欲や関心もないことが多い。

そこで会社法は、株主は、定時または臨時に開催される株主総会で、会社の基本的な事項について意思決定を行い、会社の経営は経営手腕・能力のある取締役に委ねることにし、会社の経営に関する事項の決定と執行を行わせることを目的として、株主総会で取締役を選任することにした。

さらに、株主総会は、常時には開催されないことから、業務執行等の監督を十分に行うことができないため、一般に監督を専門に行う機関を別に設置する必要が生じ、株主総会で監査役等を選任しうるものとした。すなわち、株式会社の機関は、最高意思決定機関（株主総会）、業務執行機関（取締役等）、監査機関（監査役等）に分かれ（機関設計によっては、監査役不設置会社がある）、その間に権限分配がなされているのである。

ただし、会社法においては、機関設計の柔軟化が図られ、多様の機関設計が選択できることから、権限分配の態様や株主の権利は選択した機関設計によって異なっている。

2　会社の区分

1）規模における会社区分

会社法は、株式会社の区分を「大会社」とそれ以外の会社である「非大会社」の２つに分ける。旧商法特例法では、大会社と小会社の特例を定め、株式会社の資本および負債の額により株式会社を３つに区分していた。つまり、資本金５億円以上または負債総額200億円以上の株式会社を「大会社」、資本金が１億円以下の株式会社を「小会社」とし、これらに対する特例を置いたのであった。それ以外の株式会社を「中会社」とし、この「中会社」は、定款によって、大会社の特例を受けられるものとしていた（みなし大会社の特例）。

現行の会社法では、上記の「大会社の特例」のみが残っている。「小会社

の特例」はなくなっている。そのため、会社法は、「中会社」と「小会社」の区分を置いていない。したがって、現行の会社法の下では、株式会社は、「大会社」と「非大会社」の2区分となる（2条6号）。

「大会社」については、種々の特例が置かれている。大会社は、①監査役会、監査等委員会または指名委員会等のいずれかと、会計監査人とを設置しなければならない。ただし、全株譲渡制限のある「非公開会社」（次項参照）の大会社には、監査役と会計監査人とを設置することもできる（328条）。②取締役会設置会社では、取締役会の決議で、その他では取締役の過半数で、内部統制システム（コンプライアンス〔法令遵守〕体制など）の構築に関する決定をしなければならない（348条4項、362条5項）。③計算書類が適法要件に該当するときは、定時株主総会では計算書類の承認は要せず、その内容の報告でよいことになっている（439条）。④上場会社等の有価証券報告書提出会社を除き、定時株主総会の終結後遅滞なく、貸借対照表のほか、損益計算書の公告が必要とされる（440条1項）。公告方法が官報および日刊新聞紙である会社ではその要旨の公告で足り（同条2項）、電磁的公示方法を行ってもよい（同条3項）。⑤会計監査人設置会社は連結計算書類を作成できるが、大会社で有価証券報告書提出会社は、その作成が強制される（444条3項）。

2) 公開性における区分

「公開会社」は、従来、上場会社（株式が広く公開され証券取引所で売買されている会社）をさしていた。しかし、会社法における「公開会社」は、定款で全株式に譲渡制限をしていない会社のことをいう（2条5号）。つまり、会社法では、「公開会社」は「全株譲渡自由会社」のみならず、一部の株式の内容として譲渡制限を定款で定める「一部株譲渡制限会社」をも含んでいる。それに対し、定款で全株式に譲渡制限をしていれば「非公開会社」となる。この全株譲渡制限のある「非公開会社」のうち、大会社については、会社法は特例を置いている。

3　会社の機関構成

1）機関構成の概要

　会社法の下では、株式会社の機関設計の規律の柔軟化・多様化が図られて
おり、定款自治による機関設計の選択肢が多岐にわたっている。すなわち、
すべての株式会社において、株主総会と1人以上の取締役が必要常設機関と
されるが、以下の原則の下に、定款の定めによって、取締役会、会計参与、
監査役（会）、会計監査人、監査等委員会または指名委員会等を、任意で設
置できるものとしている（326条）。

　原則としては、公開会社、監査役会設置会社、監査等委員会設置会社、指
名委員会等設置会社では、取締役会の設置が必要とされる（327条1項）。取
締役会設置会社では、監査等委員会設置会社、指名委員会等設置会社および
公開会社でない会計参与設置会社を除き、監査役の設置が必要とされる（同
条2項）。会計監査人設置会社は、監査等委員会設置会社、指名委員会等設置
会社を除き監査役の設置が必要とされる（同条3項）。監査等委員会設置会社、
指名委員会等設置会社は、監査役を置いてはならず、かつ会計監査人の設置
が必要とされる（同条4項・5項）。大会社は、公開会社でないものと監査等委
員会設置会社、指名委員会等設置会社を除き、監査役会および会計監査人の
設置が必要とされる（328条1項）。公開会社でない大会社は、会計監査人の
設置が必要とされる（同条2項）。

　すなわち、株式会社においては、旧有限会社型の機関設計（株主総会＋取締
役）を基本形として、公開会社や大会社などの特例が存するが、原則として、
定款の定めによって、その他の機関をオプションとして追加できる機関構成
となっているのである。

2）基本的機関構成

　このように、会社法の下では、株式会社の機関構成は多岐にわたるが、基

本的機関構成は3つに大別しうる。まず、旧有限会社型の最も簡易な機関設計である。この機関設計は、株主総会と1名の取締役のみで構成され、取締役会が存在しないため、株主総会は、経営に関する事項を含めすべての事項を決議することができる。また、取締役は業務を執行し、対外的には会社を代表する。

つぎに、旧中小会社型の機関設計である。この機関設計では、3人以上の取締役による取締役会が業務執行に関する意思決定をするとともに、代表取締役を選任して、代表取締役が業務を執行し、対外的には会社を代表する。また、株主総会で監査役を選任して取締役の職務の執行を監査する。株主総会は法令と定款で定めた基本的事項に関して決議を行い、定款で定めない限り、経営に関する事項の決議を行うことはできない。

最後に、大会社（資本金5億円以上または負債総額200億円以上）型の機関設計である。大会社では、株主が不特定多数にわたり、かつ会社債権者等利害関係者が多数になるため、コーポレートガバナンスの強化が図られており、公開会社でない会社を除き、監査役会設置会社、監査等委員会設置会社、指名委員会等設置会社のいずれかの制度（機関設計）を採用しなければならないとされる。監査役会設置会社の場合、会社の経営は、取締役会と代表取締役などが行い、その監査を、監査役3名以上（1名以上が常勤で、半数以上が社外監査役）で構成される監査役会と公認会計士または監査法人である会計監査人が行う。また、指名委員会等設置会社の場合は、取締役会の下に、3委員会（指名・監査・報酬）と業務を執行する執行役や会社を代表する代表執行役が設置される。さらに、監査等委員会設置会社の場合は、監査役に代わって過半数の社外取締役を含む取締役3名以上で構成される監査等委員会が、取締役の職務執行の組織的監査を担うこととなる。

4 株主総会

1) 株主総会の意義

　株主総会は、株主全員で構成される株式会社の意思決定機関であり、かつ必要機関である。株主の出資を基礎とする株式会社にあっては、株主は会社の実質上の所有者である。株式会社では多数の株主の存在が予定されるため、その経営を、株主により選任された取締役らに委ねており、株式会社のこのような形態を「所有と経営の分離」という。この形態は株式会社にあっては合理的であるといえる。なぜなら、多数の株主がみずから会社の経営にあたることは事実上不可能であり、また、多くの株主が投資による収益の獲得を目的として会社に参加しており、このような株主は会社の経営に関心がなく、また経営の能力に欠けている場合が多いからである。

　株主総会は、会社の最高の意思決定機関であり、本来であればすべての事項について決定できるはずであるが、会社法は取締役設置会社以外の会社では、株主総会を万能の機関としながらも（295条1項）、取締役会設置会社では、会社の合理的運営を確保するため、所有と経営の制度的分離を進め、株主総会を会社の基本的事項だけを決定する機関としている（同条2項）。

　しかし、取締役会設置会社でも、株主総会は会社の基本的事項を決定するとともに、取締役等の会社機関構成員の選任・解任権を有しており、その意味では、依然として株式会社の最高機関として位置づけられる。

　また、種類株式発行会社（2条13号）においては、ある種類の株主により構成される種類株主総会（同条14号）が、一定の事項につき決定権限を有する機関として設けられるが、株主総会と種類株主総会は明確に使い分けられ、株主総会という場合には、通常、種類株主総会は含まれない。

2) 権　　限

　株主総会は、会社法が規定する事項および株式会社の組織・運営・管理そ

コラム　株主総会と総会屋

　総会屋とは、若干の株式を所有することにより株主となり、株主としての権利を利用して、会社から特別な利益を受けることを目的とする特殊な株主のことである。総会屋は、会社から金品の供与を受けるために、株主総会において、議事の進行を妨害して議場を混乱させたり、些細なことで訴訟を提起したりする。また、会社と組んで、一般株主の発言を封ずるなどして株主総会が無難に終了するように協力する総会屋もいる。

　こうした行為は、会社経営の健全を害し、株主総会の空洞化をもたらす大きな要因として問題視されてきた。また、総会屋の多くは暴力団と結託しており、会社から総会屋に供与された金品が暴力団の資金源になっているとの批判もあった。総会屋に対する規制としては、贈収賄罪（旧商494条→会968条）の規定が存在していたが、総会屋の場合、「不正の受託」の要件の立証が容易ではないため、昭和56年の商法改正において、「株式会社は、何人に対しても、株主の権利の行使に関し、財産上の利益の供与をしてはならない」ことを旨とする利益供与の禁止の規定が設けられた（120条1項）。この規定の趣旨は、広く株主の権利行使に関する会社資産の不当な支出を禁じ、会社経営の健全化を確保することにあるため、その適用対象は、総会屋のみならず、株主の権利行使に関する利益供与全般に及ぶ。

　違法な利益供与を受けた者はその利益を会社に返還しなければならず（120条3項）、5年以下の懲役または500万円以下の罰金（併科可）に処せられる（970条4項）。また、供与した者も、自首による刑の軽減・免除はあるものの（同条6項）、3年以下の懲役または300万円以下の罰金に処せられる（同条1項）。

の他株式会社に関する一切の事項について、決議をすることができる（295条1項）。ただし、取締役会設置会社においては、株主総会は、会社法および定款所定の事項のみを決議することができる（同条2項）。この理由は、取締役会設置会社では、業務執行事項の決定を取締役会に委ねた方が、迅速かつ適切な運営ができると考えられるためである。取締役会設置会社では、総会の決議事項として、会社の存続ないし事業の基礎に関する事項（事後設立・事業譲渡・定款変更・減資・解散・組織再編など）、剰余金分配に関する事項、取締役および監査役などの機関の選任・解任および報酬、などが法定されている。

これ以外で定款に定めのない事項は総会で決議できないが、動議の採否、議長の不信任、審議・採決の順序等議事の運営に関する事項は、定款に定めがなくても、その性質上、当然に株主総会の権限として決議できると解される。

　また、会社法が総会の決議を必要としている事項について、取締役、執行役、取締役会その他の総会以外の機関で決定できる旨の定款規定は、無効とされる（295条3項）。

　さらに、種類株式発行会社では、株主総会の決議事項であっても、ある種類の株式の種類株主に損害を及ぼすおそれがある場合は、その種類株式の株主を構成員とする種類株主総会の決議を必要とする。

5　株主総会の招集

1) 招集権者・招集時期・招集地

　招集権者については、株主総会は、原則として、取締役が招集するが（296条3項）、取締役会設置会社では取締役会の招集の決定に基づいて（298条4項）、代表取締役が招集する。また、例外として、総株主の議決権の100分の3（定款でより少ない割合の定めも可）以上を6か月前（定款でより短い期間の定めも可、なお、非公開会社では保有期間の要件はない：297条1項）から引き続き有する株主は、議題と招集の理由を示して取締役に株主総会の開催を請求できる（同条1項）。この請求に対して、取締役会が一定期間内に株主総会を招集しない場合、招集請求した株主は、裁判所の許可を得て、みずから総会を招集できる（同条4項）。さらに、一定の場合に、裁判所が取締役（代表取締役）に対して、株主総会の招集を命ずることがある（307条、359条）。

　株主総会は、招集の時期により、定時総会と臨時総会に分けられる。定時総会は毎事業年度の終了後、一定の時期に、計算書類の承認を主たる目的として招集される（296条1項）。通例、定款には定時総会の開催日やその総会で議決権を行使できる株主名簿に記載のある株主を決めるための基準日の定めなどがある。一方、臨時総会は、必要に応じて随時招集される（同条2項）。

株主総会の招集権者は、株主総会の日時および場所を定めなければならないとされるが（298条1項1号）、招集地については、旧商法の「本店ノ所在地又ハ之ニ隣接スル地」（旧商233条）のような限定はない。なお、令和元年改正により、取締役が株主総会を招集するときは、株主総会参考書類等（株主

コラム　コーポレートガバナンス・コード

　コーポレートガバナンスの分野では、会社法・商法などの制定法などのハードローだけでなく、上場規則や各種の行動規範などのソフトローが重要性を増している。

　2015年3月5日、金融庁と東京証券取引所が共同事務局を務めた有識者会議は、OECD（経済協力開発機構）の「コーポレートガバナンスに関する原則」を参考に、上場会社向けに、「コーポレートガバナンス・コード原案」を策定した。本コードは、東京証券取引所で規範化され、2015年6月1日から適用された。

　本コードでは、コーポレートガバナンスとは、「会社が、株主をはじめ顧客・従業員・地域社会等の立場を踏まえた上で、透明・公正かつ迅速・果断な意思決定を行うための仕組み」と定義されており、実効的なコーポレートガバナンスの実現に資する主要な原則を示し、それぞれの会社において、持続的な成長と中長期的な企業価値の向上のための自律的な対応が図られることを通じて、会社、投資家、ひいては、経済全体の発展に寄与することをめざすことを目的としている。

　内容としては、①株主の権利・平等性の確保、②株主以外のステークホルダーとの適切な協働、③適切な情報開示と透明性の確保、④取締役会等の責務、⑤株主との対話、の5つの基本原則とともに、それぞれ具体的になすべき事柄が提案されている。

　特徴としては、従来の規制手法のように、「しなければならない／してはいけない」ことを指定するのではなく、コードに示される諸原則の趣旨・精神を上場会社が尊重することを求めつつ、その具体的な対応は、会社自身が考えて行動すべきものとし、これを実施しない場合には、その理由の説明を要求するという手法（コンプライ・オア・エクスプレイン）が採用されていることと、不祥事の防止といった側面より、経営者の企業家精神の発揮を後押しすること（攻めのガバナンス）がめざされている点が挙げられる。

　なお、本コードは、策定後に、2018年6月1日、2021年6月11日の2回改訂が行われている。

総会参考書類、議決権行使書面、計算書類・事業報告、連結計算書類）の内容である
情報について、電子提供措置（電磁的方法により、株主が情報の提供をうけること
ができる状態に置く措置であって、法務省令〔会施規95条の2〕で定めるもの）をとる
旨を定款で定めることができることになった（325条の2）。定款の規定があ
れば、個々の株主の承諾（301条2項、302条2項、299条3項参照）がなくても、
電子提供措置を通じて当該情報を提供することが可能になる。具体的には、
定款規定を設けた会社が、自社のホームページ等のウェブサイトに当該情報
を掲載するとともに、招集通知を通じて、当該ウェブサイトのアドレス等を
通知することが必要となる（325条の2～7等）。

2）招 集 手 続

　株主総会の招集は、取締役（会）が、開催の日時・場所、総会の目的事項、
議決権の書面投票・電子投票を行う場合はその旨、その他法務省令で定める
事項を決定し（298条1項）、基準日に株主名簿に記載された株主に対して、
株主に出欠や議題・議案について判断する機会を与えるため、会日の2週間
前までに通知を発することによって行われる（株主の承諾があれば電子的方法に
よる通知も可能：299条3項）。公開会社以外の会社で、議決権の書面投票・電
子投票を行わない場合は、招集通知期間は1週間前（取締役会を設置しない会社
では定款でさらに短縮可）とされる（同条1項）。

　なお、書面投票、電子投票を行う場合を除き、株主総会は、株主全員の同
意があるときは、招集の手続を経ることなく開催できる（300条）。

6　株主総会の決議方法

1）普通決議（通常決議）

　株主総会の決議は、多数決により行われるが、その決議要件の差異により、
普通決議（通常決議）、特別決議、特殊決議に大別される。特別決議事項と特
殊決議事項は法定されており、特段の定めがないときは、普通決議事項とな

コラム　バーチャル株主総会

　令和3年6月16日改正の産業競争力強化法66条において、会社法の特例として、「場所の定めのない株主総会」に関する制度が創設された。これにより、一定の要件のもとに、上場会社において、インターネット等の電子的手段を利用した株主総会（バーチャル株主総会）の開催が可能になった。

　物理的な意味での一定の場所で開催する従来の株主総会を「リアル株主総会」と呼ぶことが多いが、それに対して、バーチャル株主総会には、いくつかの開催パターンに分けられる。

　①リアル株主総会は開催されず、株主はインターネット等手段のみで株主総会に出席する（バーチャルオンリー株主総会）、②リアル株主総会を開催しつつ、株主はインターネット等を通じて、議決権・質問権の行使や動議の提出をする（ハイブリッド出席型バーチャル株主総会）、③リアル株主総会を開催しつつ、株主は当日の権利行使などは認められず、インターネット等を通じて、議事の傍聴をする（ハイブリッド参加型バーチャル株主総会）などのパターンがある。

　バーチャル株主総会開催のメリットとしては、①遠隔地に居住の株主の出席が容易になる、②複数の株主総会への出席が可能になる、③開催にかかるコストの削減になる、などがあげられる。デメリットとしては、①株主のなりすましが容易になる、②会社側が株主からの質問を選別して、都合のよい質問だけを取り上げる可能性がある、③通信障害等の発生により開催が困難になる、などがあげられる。

　2020年以降の新型コロナウイルス感染症の大流行をきっかけとして、世界的に、バーチャルオンリー株主総会の開催が一気に進んだが、わが国でも本格的な運用に向けた議論が高まるものと思われる。

る。

　普通決議は定款によって特別の要件が定められていない事項についての決議方法であり、議決権を行使することができる株主の議決権の過半数を有する株主（場合によっては1人でも可）が出席して（定足数）、出席した株主の議決権の過半数の賛成で成立する（309条1項）。定足数は、定款の規定により加重・軽減・排除できる。ただし、役員（取締役・会計参与・監査役）の選任・解任の決議については、定足数の定款による引き下げは3分の1未満に軽減できない。また、決議要件の過半数以上の割合を定款で定めることができる

（341条）。

　通常決議の決議事項は、役員および会計監査人の選任・解任（329条1項、339条1項）、役員の報酬（361条1項、379条1項、387条1項）、総会資料等調査役の選任（316条）、計算書類の承認（438条2項）、資本金額の増加（450条2項）、清算人の選任・解任（478条1項3号、479条1項）などである。

判　例

　代理人による出席を含む株主全員が出席して、総会の開催に関して同意が得られた場合は（全員出席総会）、そこで行われた決議は、株主総会の決議としての効力を有すると解される（最判昭60・12・20民集39巻8号1869頁）。

　裁判所は、少数株主による総会招集の請求が形式的要件を満たしていれば、権利濫用と認められる場合を除き、許可をしなければならず、単に株主の期待する決議成立の可能性がないとの理由のみで申請を却下することはできない（東京地決昭63・11・2判時1294号133頁）。

2）特別決議と特殊決議

　特別決議は、原則として、議決権を行使することができる株主の議決権の過半数をもつ株主が出席して（定足数は原則として普通決議と同じ）、出席した株主の議決権の3分の2以上の賛成で成立する（309条2項）。特別決議の定足数は定款で3分の1まで軽減することができ、決議要件を3分の2以上にしたり、一定の数以上の株主の賛成を要する旨の要件を定款で定められる（同条同項）。

　特別決議の決議事項は、特定人からの自己株式の取得（156条1項、160条1項）、株式の併合（180条1項・2項）、株式募集（199条1項・2項）、新株予約権募集（238条1項・2項）、累積投票選任取締役・監査役の解任（309条2項7号）、役員の任務懈怠による損害賠償責任免除（425条1項）、資本の減少（447条1項）、事業譲渡（467条1項1号・2号）、他の会社の事業全部の譲受け（同条同項3号）、事業全部の賃貸・経営委任・損益共通契約・これらに準ずる契約の締

結・変更・解約（同条同項4号）、事後設立（同条同項5号）、定款変更（466条）、会社の解散（471条）、会社の継続（473条）、吸収合併（783条1項、795条1項）、新設合併（804条1項）などである。

　特殊決議には2種類ある。第一は、議決権を行使することができる株主の半数以上（定款で要件加重可）で、かつ総議決権の3分の2（定款で要件加重可）以上の賛成で成立する決議である（309条3項）。株式譲渡制限を設ける場合の定款変更（107条1項・2項）、一定の場合の吸収合併・新設合併によって消滅する会社の当該合併契約承認（783条、804条）がこれにあたる。第二は、総株主の半数以上（定款で要件加重可）で、かつ総株主の議決権の4分の3（定款で要件加重可）以上の賛成で成立する決議である（309条4項）。公開会社でない会社において、剰余金配当を受ける権利・残余財産の分配を受ける権利・株主総会における議決権に関する事項について、株主ごとに異なる取扱いを行う旨（109条2項）の定款の定めを変更（廃止を除く）する場合がこれにあたる。

7　議決権の行使

1）1株1議決権の原則と例外

　株主が株主総会に出席してその決議に加わる権利を議決権という。各株主は、1株について1議決権を有している（308条）。ただし、単元株数を定款で定めている場合は、1単元につき1個の議決権を有することになる（同条1項ただし書）。1株1議決権の原則に対する例外として、議決権制限株式（108条1項3号）、自己株式（308条2項）、相互保有株式（同条1項）、特別利害を有する株主がもつ株式（140条3項）等がある。また、公開会社以外の会社においては、議決権に関して株主ごとに異なる取扱いを行う旨を定款で定めることができる（109条2項）。

2) 議決権の行使の各種態様

　議決権の行使にあたっては、株主が株主総会に出席するのが原則であるが、議決権の代理行使、書面による議決権行使（書面投票制度）、電磁的方法による議決権行使（電子投票制度）も認められている。また、一定の条件の下で、議決権の不統一行使も認められる。

　議決権の代理行使は、株主は代理人によって議決権を行使できるというものである（310条）。この場合、株主は、総会ごとに代理人を選任し、その代理権を証明する委任状を会社に提出する必要がある（同条2項）。これに対して会社は、議決権の濫用を防止するために、複数の代理人の株主総会への出席を拒絶できる（同条5項）。

　書面による議決権行使は、総会に出席しない株主のための制度であり、取締役（取締役会設置会社では取締役会）は株主総会に出席しない株主に書面による議決権行使を定め（298条1項3号）、招集通知に議決権の行使についての参考書類とともに、株主が議決権を行使するための書面を添付しなければならない（301条）というものである。また、議決権を行使することのできる株主数が1000名以上の会社においては、この制度の採用は強制される（298条2項・3項）。

　電磁的方法による議決権行使は、書面による議決権行使と同じく、総会に出席しない株主のための制度であり、取締役（取締役会設置会社では取締役会）は、株主総会に出席できない株主の電磁的方法による議決権行使を定めることができるというものである（298条1項4号）。令和元年改正前会社法では、議決権行使書面の閲覧等の請求に関して、株主が請求の理由を明らかにする必要はなく、拒絶理由も規定されていなかった（旧311条4項）。このため、株主の住所等の情報を取得する目的で議決権行使書面の閲覧等の請求が利用されている可能性があるという指摘や、株式会社の業務の遂行を妨げる目的など、正当な目的以外の目的で閲覧等の請求が行使されているのではないかと疑われる事例があることが指摘されていた。

　令和元年改正により、議決権行使書面の閲覧等の請求に関して、拒絶事由

が明文化されるとともに（311条5項1号～4号）、株主が閲覧等を請求する場合には、当該請求の理由を明らかにしなければならないことになった（同条4項）。

　議決権の不統一行使とは、株主が2個以上の議決権を有する場合に、その一部を賛成に、残りの一部を反対に行使することをいう（313条1項）。この場合、総会手続が煩雑となるため、取締役会設置会社の株主は、総会の会日の3日前までに、議決権の不統一行使をする旨およびその理由を通知しなければならない（同条2項）。また、通知を受けた場合でも、会社は株主が他人のために株式を有することを理由とする場合を除いては、議決権の不統一行使を拒否することができる（同条3項）。

判　例

　株主が代理人により議決権を行使する場合、代理人の資格を株主である者に限定している定款の定めは有効とされる（最判昭43・11・1民集22巻12号2402頁）。

　定款で議決権行使の代理人資格を株主に限定している会社が、株主である地方公共団体または会社の職員または従業員に議決権を代理行使させても、それらの者が総会を撹乱するおそれはないので、違法ではない（最判昭51・12・24民集30巻11号1076頁）。

8　株主総会に関する株主の権限

1）株主提案権・質問権

　株主は、株主総会に関して、前述の少数株主による招集請求権（297条1項）、議決権（308条）をはじめとして、さまざまな権利をもつ。まず、株主提案権であるが、取締役会設置会社では、定款で要件を緩和しない限り、6か月前より引き続き（公開会社でない会社は保有期間は不要）、総株主の議決権の100分の1以上、または300個以上の議決権をもつ株主は、総会の開催日の

8週間前に、書面または会社の承諾を得て電磁的方法により、①会社が招集する総会で一定事項を議題とすること、または、②その提出する議案の要領を招集通知に記載することを請求できる（303条、305条）。①は議題（会議の目的たる事項）の提案権であり、②は議案（議題に対する具体案）の提出権である。これに対して、取締役会設置会社でない会社では、議決権を有する株主であれば、これらの請求ができる。

令和元年改正前会社法では、1人の株主が同一の株主総会において提出することができる議案の数を制限する規定はなく、1人の株主から膨大な数の泡沫提案が提出される等の、株主提案権が濫用的に行使される事例が見受けられるようになった。これに対して、このような濫用的な株主提案権の行使に対する、会社側の対応の検討に時間・費用等を要したり、株主総会における審議時間が不当に費やされることになる等の指摘がされていた。

令和元年改正により、株主提案権の乱用防止の観点から、株主が1回の株主総会で提案できる議案の上限が10件までに制限されることになった（305条4項・5項）。

つぎに、質問権であるが、これは、株主が株主総会において、取締役・会計参与・監査役・執行役に対して、案件について質問できる権利である。ただし、質問事項が議題に関連しないとき、株主共同の利益を著しく害するとき、その他拒否するに正当な理由がある場合として法務省令で定めるとき（会施規71条）には、説明を拒否できる（314条）。

2）株式買取請求権

株式の買取請求権は、株主総会において、株主の利益に特に重大な関係のある一定の事項に関する決議が多数決によって成立した場合に、それに反対の株主が、会社に対して、自己の有する株式を、決議がなかったならば有したであろう公正な価格で買い取ることを請求する権利である。これは少数株主の保護を目的とした権利である。

買取請求権が認められるのは、組織再編に関する場合であり、具体的には、

事業の譲渡、合併、分割、株式交換、株式移転などの場合である（116条、469条、785条、797条、806条）。

　株式買取請求権を行使するためには、株主が株主総会に先立って、決議に反対の意思を書面または会社の承諾を得て電磁的方法により会社に通知し、かつ株主総会で実際に決議に反対することを要する（116条2項）。この請求権を行使すると、たとえ会社の承諾がなくても、会社との間に株式の売買契約が成立したのと同じ法律関係が生じる。このように売買契約が成立すると、会社は当該行為を中止しない限り、公正な価格による買取を求められる。

　買取価格は、株主と会社の協議に委ねられるが、協議がととのわなかった場合には、裁判所に価格の決定を請求できる（117条2項）。会社が買い取った株式は自己株式となる。また、単元未満株式についても、買取請求権が認められるが（192条、193条）、その趣旨は、単元未満株式を有する者に投下資本の回収を保証するためである。

3）総会検査役

　総株主の議決権の100分の1以上（定款でこれを下回る割合を定めることができる）を有する株主（取締役会設置会社では6か月前〔定款でこれを下回る期間を定めることができる〕から引き続き有する者に限る）は、総会の招集・議事・決議の手続きが適法に行われているかを監視するため、また、会社も株主総会後に紛争が起こる事態に備え、証拠保全の目的で、総会前に検査役の選任を裁判所に請求することができる（306条1項・2項）。その調査結果は、裁判所に報告することを要する（同条5項・6項）。株主が選任要求をした場合は会社および当該株主に対して、会社が選任要求した場合は会社に対して、その報告内容を提供しなければならない（同条7項）。裁判所は必要があると認めるときは、取締役に株主総会の開催を命じることができる（307条1項1号）。総会検査役は、専門性が要求されることから、通常は弁護士が選任される。

9　株主総会の決議の瑕疵

1）株主総会の決議の瑕疵と訴え

　株主総会の決議に手続上または内容上の瑕疵が存在する場合には、その決議は違法な決議であり、効力を有しないこととなる。一方、その決議を基礎に会社の活動が行われ、多数の利害関係者との間に新たな法律関係が形成されていくので、瑕疵の主張を無制限に認めると混乱が生じる。そのため、会社法は、その違法性の軽重によって、決議取消しの訴え（831 条）と決議不存在確認・決議無効確認の訴え（830 条）を認めて、集団的法律関係における法的処理の画一化により、各利害関係者間の利害関係の調整を図っている。

2）決議取消しの訴えと決議不存在確認・決議無効確認の訴え

　決議取消しの訴えは、決議について形式的・手続的な瑕疵のように比較的軽微な瑕疵がある場合に認められるものである。会社法は法的確実の要請から、このような瑕疵のある決議については、時の経過とともに違反の判定が技術的に困難になるので、訴えの方法をもってのみ取り消しうるものとし、かつ提訴権者や提訴期間を制限している。

　取消し原因としては、総会招集手続や決議方法が法令・定款に違反したり、著しく不公正な場合、決議内容が定款に違反する場合、決議に特別の利害関

係がある株主が議決権を行使したことで、決議が著しく不当な場合が法定されている（831条1項）。決議取消しの訴えは、会社を被告として（834条）、決議の日から3か月以内に提訴しなければならず、提起できる者は株主、取締役、執行役または清算人などに限られる。

　平成26年改正前会社法では、提訴権者のうちに、決議の取消しにより株主となる者は規程上含まれていなかったが、株主総会決議によるキャッシュ・アウトによって株主の地位を失った者も、決議が取り消されれば株主としての地位を回復する可能性があることから、平成26年改正により、決議取消しの結果、株主の地位を回復する可能性のある者にも原告適格が認められることが明文化された（831条1項）。決議の取消しの判決が確定すると、その決議のときまで遡って、決議は効力がなくなる（839条）。

　また、株主平等原則に違反する決議、違法な計算書類の承認など決議内容が法令に違反する場合や、議事録または登記簿上でのみの決議、招集権のない者による招集など決議の存在自体が認められないような場合は、瑕疵の重大性に鑑み、決議の不存在・無効確認を求める正当な利益のある限り、誰でもいつでも、決議不存在・無効確認の訴えを提起することができ（830条1項・2項）、この判決の効力は第三者にも及ぶものとされる（838条）。決議不存在・無効確認の訴えの性質は確認訴訟であり、訴えによらなくても不存在・無効を主張することができる。

判　例

　決議取消しの訴えを提起する株主は、決議当時の株主でなくてもよく、他の株主に対する瑕疵についても訴えを提起しうる（最判昭42・9・28民集21巻7号1970頁）。

　計算書類承認に関する株主総会決議の取消訴訟の係属中に、その後の決算期の計算書類の承認決議がなされても、当該計算書類につき承認の再決議がなされた等の特別の事情がない限り、決議取消しの訴えの利益は失われない（最判昭58・6・7民集37巻5号517頁）。

株主総会決議取消しの訴えを提起した後、提訴期間の経過後に新たな取消し事由を追加主張することはできない（最判昭 51・12・24 民集 30 巻 11 号 1076 頁）。

　　株主総会の決議の内容自体に何ら法令または定款違反の瑕疵がなく、単に決議をなす動機・目的に公序良俗違反の不法があるにとどまる場合は、決議は無効とはならない（最判昭 35・1・12 商事 167 号 18 頁）。

　　取締役選任の株主総会決議が不存在である場合には、当該取締役によって構成される取締役会は正当な取締役会とはいえず、その取締役会によって選任された代表取締役も正当に選任されたとはいえないので、そのような取締役会の招集決定に基づき、そのような代表取締役が招集した株主総会において新たに取締役選任決議がなされても、全員出席総会などの特段の事情がない限り、その決議は不存在である（最判平 2・4・17 民集 44 巻 3 号 526 頁）。

10　取　締　役

1）総　　論

　　平成 17 年の会社法制定以前は、株式会社においては取締役会の設置が義務づけられていたが、会社法では必ずしも取締役会の設置は必須ではなくなった（326 条）。その結果、取締役の権限も取締役会設置会社と取締役会を設置しない会社では異なることとなった。取締役会設置会社においては、取締役会が会社機関として会社の業務執行に関する意思決定権限を有し、取締役は取締役会の構成員にすぎない。これに対して、取締役会を設置しない会社については、取締役が業務執行の意思決定と実際の業務執行および会社代表を行うことになる。

2）取締役の選任・終任

　　取締役は株主総会の普通決議によって選任される（329 条 1 項）。取締役の任期は、原則 2 年である（332 条 1 項本文）。この任期は、定款または株主総会

の決議によって短縮することができる（同条同項ただし書）。また、公開会社以外の会社の取締役では、定款の定めによって、取締役の任期を最長 10 年まで伸長することができる（同条 2 項）。さらに委員会設置会社の取締役の任期は 1 年となる（同条 3 項・6 項）。取締役となることができるのは、331 条 1 項に規定されている欠格事由に該当しない者である。なお、令和元年の改正で成年被後見人、被保佐人が取締役に就任する際の規定が加えられた（331 条の 2）。

　取締役は任期の満了または辞任によって終任となる。また、株主総会は、普通決議により取締役をいつでも解任することができる（339 条 1 項）。ただし、正当な理由なくして、取締役が任期前に株主総会によって解任されたときは、解任された取締役は会社に対して損害賠償を請求することができる（同条 2 項）。

3）報 酬 等

　取締役の報酬、賞与など取締役の職務執行の対価として受け取る経済的な利益は、定款で定めていない場合には、株主総会の決議によって決定される（361 条 1 項）。ただし、指名委員会等設置会社では異なる（404 条 3 項）。

　株主総会で定める事項としては、①金額が確定している確定額報酬、②会社の業績に応じて変動して報酬額が決定されるとした場合には報酬等を決定する具体的な計算方法、③報酬として株式や新株予約権を与える場合にはその上限数、④取締役に会社が金銭を与え、これを株式、新株引受権の払込資金として株式または新株で受け取る場合には株式数、新株引受権の上限である。⑤金銭でない報酬については具体的な内容（361 条 1 項 1 号～6 号）。②、③、④は、会社の業績や株価によって取締役の得られる報酬が異なってくるので、取締役は会社の業績を高めるように努力する動機づけになることからインセンティブ報酬とも呼ばれる。これらの規定は平成 26 年、令和元年の改正で追加された。

　監査等委員である取締役の報酬は、他の取締役とは区別して定める必要が

ある（361 条 2 項）。

11 取締役会を設置しない会社の取締役

　取締役会を設置しない会社の取締役は、定款に別段の定めのある場合を除き、株式会社の業務執行権、すなわち会社の経営を行う権限を有する（348 条 1 項）。ただし、取締役が 2 人以上のときは、会社の業務は過半数によって決定される（同条 2 項）。①支配人の任免、②支店の設置など、③株主総会の招集事項、④内部統制システムの整備（後述）、⑤定款に基づく役員などの責任減免の決定は、各取締役に委任することはできない（同条 3 項）。取締役は、ほかに代表取締役その他会社を代表する者を定めた場合を除き、会社を代表する権限を有する（349 条 1 項）。取締役が 2 人以上のときも、それぞれの取締役が会社を代表する（同条 2 項）。ただ、定款または定款に基づく取締役の互選あるいは株主総会の決議で、取締役の中から代表取締役を決定できる（同条 3 項）。

　会社を代表する取締役は、会社の業務に関する一切の権限を有し、取引などの裁判外の権限のほか、裁判上の権限も含まれる（349 条 4 項）。この代表権限に加えられた制限は、善意の第三者に対しては、その制限を主張できない（同条 5 項）。

12 取締役会設置会社

1）権　　限
　取締役会設置会社における取締役会は、3 名以上のすべての取締役で構成され（331 条 5 項、361 条 1 項）、①取締役会設置会社の業務執行（経営）の意思決定、②取締役の職務執行の監督および、③代表取締役の任免（362 条 2 項）を行うことができる。

　取締役の職務執行の監督とは、取締役が業務執行を適法かつ妥当に行って

いるかを監督することである（362条2項2号）。この取締役会の取締役に対する監督権は監査役の監査権（381条1項）と重複するが、業務執行の妥当性についての監督権は取締役会のみが持ち、監査役の監査は業務執行の適法性のみを監査するというのが、通説的な見解である。これは、会社経営に直接関与する取締役だけが、業務執行の妥当性を判断することができ、その行為の責任をとることができるからであるとされている。このような取締役会が設置されるのは、取締役相互の討議により、よりよい会社経営の意思決定を行うためである。

　取締役会設置会社の場合、事業の円滑な運営を図るために、日常的な業務執行は、代表取締役等一部の取締役に委任されることがほとんどである。しかし、あらゆる業務執行を一部の取締役に委ねてしまうと、取締役会が形骸化されるおそれもあり、また、業務を委任された取締役の独断専行を許してしまう可能性がある。そこで、監査等委員会設置会社（399条の13第5項）、指名委員会等設置会社（416条）の特例を除き、以下の行為については、代表取締役等には委任できず、取締役会での決議が必要となる。①重要な財産の処分および譲受け、②多額の借財、③支配人その他の重要な使用人の任免、④支店その他重要な組織の設置など、⑤社債の発行、⑥内部統制システムの整備、⑦定款に基づく役員などの責任免除である。このほか、法令の定めがなくても、重要な業務執行事項を行うには取締役会の決定を要するとしている（362条4項）。なお、大会社である取締役会設置会社では、取締役会は⑥の決定は必ず行わなければならない。また、①②は特別取締役による取締役会の決議で決定できる。

判　例
　重要な財産の処分に該当するかは、その財産の価額、会社の総資産に占める割合、その財産の保有目的、処分の態様、その会社における従来の取扱い等を総合的に考慮して判断すべきである（最判平6・1・20民集48巻1号1頁）。

取締役会を構成する取締役は、会社に対し、代表取締役が行う業務執行一般につき、これを監視し、必要があれば、取締役会を自ら招集し、あるいは招集することを求め、取締役会を通じてその業務執行が適正に行われるようにする職責がある（最判昭 48・5・22 民集 27 巻 5 号 655 頁）。

2) 招　　集

　取締役会は株主総会で選任された取締役によって構成される合議機関であり、取締役会の招集権は、原則としてすべての取締役がもっている（366 条 1 項）。しかし、多くの会社では取締役会規則などで招集権者を代表取締役とするのが通常である。このような場合、他の取締役は、目的事項を示して取締役会の請求をすることができ、その請求に対して請求日の 5 日以内に 2 週間以内の日に取締役を開催する招集通知を発しない場合には、請求をした取締役が取締役会を招集することができる（同条 2 項・3 項）。その他、監査役設置会社では株主や監査役も、一定の要件の下に取締役会の招集請求や直接招

コラム　常務会・経営会議

　いわゆる常務会一般的には、常務取締役以上の、いわゆる役付取締役（社長、副社長、専務取締役、常務取締役）によって構成される会議体である。常務会は、一般に多数の取締役を擁する企業で採用されている制度で、会社業務の重要な事項、および取締役会から委任された事項を審議する。取締役会の決議事項についても、実際は、常務会で実質的な審議が行われ、取締役会ではきわめて形式的な審議のみで承認されるのが通常である。これに対し、経営会議等の名称をもつものは、役付取締役のほかに業務執行取締役、さらには幹部従業員なども加えた者によって構成される場合が多い。経営会議では、社長の諮問機関的な性質をもち、設備投資、支店の設置、製品・商品開発など特定事項に関して資料収集、調査、検討などを行う。経営会議で必要とされたことは、取締役会を経て実行されることになる。常務会や経営会議は、迅速な意思決定など経営の効率性を高めるために設置されている。平成 14 年の商法改正で新たに規定された重要財産委員会は、この常務会に法的根拠を与えたものである。重要財産委員会制度は、要件が厳しく実務上あまり普及しなかったので、会社法では要件を緩和して特別取締役制度（373 条）として新たに法制化された。

集することができる（367条、383条2項・3項）。

　招集通知は取締役会の原則として1週間前に行わなければならない（368条1項）。この期間は、定款によって短縮することもでき、全員の同意があるときは、招集手続を省略できる（同条2項）。また、監査役が異議を述べないときは、会議を開かずに書面や電磁的記録による決議（持ち回り決議）を認めた（370条）。

3）議　　題

　通常、取締役会の招集通知には議題を記載する。しかし、取締役会では記載された議題に限らず、経営に関するあらゆる事項を審議することができる。また、前述のように取締役会は、代表取締役をはじめ他の取締役の職務執行を監督する権限をもつので、職務執行の妥当性やその是正措置などについても審議することができる。そして、代表取締役などが不正な行為を行っている場合は、直ちにその行為を止めるように決議でき、この決議後もなおその行為をするおそれがあるときには、代表取締役等を解任することができる。なお、業務監査権のある監査役は、取締役が定款や法令に違反する行為を行い、会社に損害を生じさせるおそれがあるときには、その行為の差止めの訴えを提起できる（385条）。

4）取締役会の決議の瑕疵

　取締役会の決議の瑕疵には、決議の手続に瑕疵がある場合と、決議内容に瑕疵がある場合がある。手続の瑕疵としては、取締役会が適正に招集されなかった場合や、取締役会において決議について特に利害の関係する人が参加した場合などがある。内容の瑕疵としては、たとえば取締役らの報酬を取締役会で勝手に決めた場合のように株主総会で決議すべき事項を取締役会で決議した場合などがある。このような取締役会決議に瑕疵がある場合については、株主総会決議の瑕疵の場合と異なり、会社法は特に規定を置いていない。したがって、決議内容に瑕疵がある場合には、一般原則に従って無効となる。

しかし、一般に手続的な瑕疵は、決議内容の瑕疵と比べて瑕疵の違法性は弱いので、手続的な瑕疵については、有効と解されている。

　手続的瑕疵に関する取消し規定がないことについて、これを法の欠陥であると解釈する説と、のちに適正な承認を得ることで瑕疵は治癒されると解釈して、いわゆる事後承認を認める説がある。ただし事後承認説も、承認を得られない場合に問題を残すことになるので、決議に手続的瑕疵のある場合は、些細な瑕疵を理由に決議の無効を主張するのは権利の濫用であると解釈する説が有力である。

判　例

　　決議の手続の瑕疵については、一部の取締役に対する招集通知を欠いた取締役会決議について「その取締役が出席してもなお決議の結果に影響がないと認めるべき特段の事情があるときは、右の瑕疵は決議の効力の影響がないものとして、決議は有効になると解するのが相当である」（最判昭44・12・2民集23巻12号2369頁）。

5）特別取締役会による取締役会決議

（a）特別取締役

　会社法は、取締役数が6人以上で、取締役のうち1人以上が社外取締役である場合には、特別取締役による取締役会決議を認めている（373条）。このように、取締役の数が多く、規模の大きな会社等では、頻繁に取締役会を開催することが難しいので、経営判断の効率化のために、特定の取締役に委任が認められていない重要な処分・譲受け、多額の借財（362条4項）について特別取締役を選任して決議することができるとされている。

（b）特別取締役会の構成と権限

　特別取締役による取締役会は、取締役3人以上で組織し、その特別取締役となる取締役は、取締役会の決議により定められる（373条1項）。特別取締役に社外取締役を含めることは求められていない。

特別取締役による取締役会は、取締役会の決議事項である「重要な財産の処分及び譲受け」および「多額の借財」に関する事項の決定を行う（373条2項）。特別取締役会で決議された事項については、特別取締役の互選によって選ばれた特別取締役が、遅滞なく、特別取締役以外の他の取締役へ決議内容を報告する義務がある（同条3項）。

13　社外取締役

社外取締役とは、社内の従業員などから選任される取締役と異なり、社内のしがらみなどにとらわれず、業務執行から独立した立場で客観的に経営を監督することを求めることを期待されている取締役である。平成26年改正では取締役など業務執行者に対する監督強化のために、社外取締役の活用が強く主張された。そこで、上場会社等では社外取締役を選任しない場合には、その理由を株主総会で説明が必要とされた。令和元年の改正では、社外取締役は監査等委員会設置会社、委員会等設置会社のほか、公開会社かつ大会社で金融商品取引法で有価証券報告書提出義務（金商法24条1項）に該当する監査役会設置会社では、最低1名の社外取締役の選任が必要とされた（327条の2）。またこの場合には、特別取締役を選任する場合も社外取締役が選任されていることが必要となる（373条1項2号）。

社外取締役として認められるのは、平成26年の改正で①当該株式会社またはその子会社の業務執行取締役、執行役、使用人（業務執行取締役等）でなく、かつ、過去10年内にこれらの地位についたことがない者（2条15号イ）、②過去10年内に当該株式会社またはその子会社の取締役、会計参与、または監査役（非業務執行取締役等）であった者（業務執行取締役等であった者を除く）については、当該非業務執行取締役等への就任前10年間、当該株式会社または子会社の業務執行取締役等であったことがないこと（同条同号ロ）、③当該株式会社の親会社等（自然人である場合）または当該親会社等の取締役、執行役もしくは使用人でないこと（同条同号ハ）④当該株式会社の親会社等の子

コラム　スキルマトリックス

　スキルマトリックスとは、経営戦略上取締役会に必要なスキルを特定して、分野ごとに表にまとめて、どの取締役がどの分野について知見や専門性を備えているかを示した表であるこのスキルマトリックスを作成し、選任された取締役が各分野の知見や専門性を備えているかを客観的に評価して、取締役会にとって足りない分野を明確にして、取締役に対してその分野のトレーニングや次期の取締役（社外も含む）の選任候補者のリストを作成して、取締役会の実効性を確保するとして、令和3年6月のコーポレートガバナンス・コードの改訂で開示が求められるようになった。

会社等（株式会社自身およびその子会社を除く）の業務執行取締役等でないこと（同条同号ニ）、⑤当該株式会社の取締役、執行役、重要な使用人、または親会社等（自然人の場合）の配偶者もしくは二親等内の親族でないこと（同条同号ホ）で取締役として選任された者である。

　上述のように社外取締役は業務執行を原則として行うことはない。しかし、会社と業務執行を行う取締役や、指名委員会等設置会社の執行役との間で、利益が相反する状況においては、当該取締役や執行役が業務執行を行うと、会社の利益が損なわれるおそれがあるので、会社の業務執行を社外取締役に委託することができるとされる規定が、令和元年改正によって設けられた（348条の2）。

14　代表取締役と業務執行取締役

1) 定義・選任

　取締役会設置会社の代表取締役は、業務執行を行い、対外的には会社を代表する代表権をもつ取締役である（363条1項1号）。代表取締役は、取締役の中から取締役会で選任される（362条2項3号）。また、取締役会設置会社においては、代表取締役以外の取締役で会社の定めた業務を執行する取締役を選定できる。この取締役を業務執行取締役という（363条1項2号）。

2) 代表取締役の権限

　代表取締役は、取締役会で決定された業務および法定の範囲内において取締役会から決定を委任された業務（362条4項）に関する一切の裁判上または裁判外の行為を行う権限を有し、対外的には会社を代表する（363条1項1号、349条4項）。裁判上の権限とは、訴訟提起等を行う権限であり、裁判外の行為をなす権限とは、取引上の権限のほか、従業員の採用、営業上必要な種々の契約等を行う権限である。この代表権限に制限を加えても、善意の第三者には対抗することはできない（同条5項）。これは、善意の第三者を保護し、取引の安全を図るために設けられた規定である。

3) 業務執行取締役の権限

　前述のように、代表取締役のほかに業務執行取締役が選任された場合、会社の内部的な業務については、対外的な代表権をもたない業務執行取締役に代表取締役の業務執行権の一部が委譲されることになる。

15　表見代表取締役

　会社が代表取締役以外の取締役に社長、副社長その他株式会社を代表するような名称をつけることを認めているときには、取引等の相手方がその者を代表取締役と信じて行った行為については、会社が責任を負わなければならない（354条）。これは、取引安全のために規定されたものである。

判　例
　会社の使用人が、代表取締役の承認の下に常務取締役の名称を使用してなした行為について、本条（旧商262条→会354条）が類推適用される（最判昭35・10・14民集14巻12号2499頁）。

16　取締役の義務

1)　善管注意義務と忠実義務

　取締役と会社の関係は、委任に関する規定に従うとされているので（330条）、取締役は会社に対して、善良な管理者の注意をもって職務執行をしなければならない義務を負うことになる（民644条）。また、取締役は、定款・法令・株主総会の決議を遵守し、会社のために忠実にその職務を行わなければならないとされている（355条）。前者の義務を善管注意義務といい、後者の義務を忠実義務という。

　善管注意義務と忠実義務の関係は、忠実義務は、善管注意義務と本質的には異なる義務ではなく、善管注意義務を具体的かつ注意的に規定したものにすぎないとする考え方が多数説である。これに対して、忠実義務と善管注意義務とは異なり、取締役がその地位を利用して、会社の犠牲の下に自己の利益を図ってはならない義務であるという考え方も有力に主張されている。

判　例

　本条（旧商254条ノ2→会355条）の規定は、善管注意義務を敷衍し、かつ明確にしたにとどまり、通常の委任関係に伴う善管注意義務とは別個の、高度な義務を規定したものではない（最判昭45・6・24民集24巻6号625頁）。

---

2)　内部統制体制構築義務

　内部統制体制（内部税制システム）の構築とは、取締役の職務の執行が法令および定款に適合することを確保するための体制、および、その他会社と子会社を含めた企業集団の業務の適正を確保するために必要なものとして法務省令（会施規98条）で定める体制を整備することである。内部統制体制の構築については、従来、法務省令で規定されていたが、平成26年の改正において会社法で規定された。取締役会設置会社では取締役会決議事項であり

（362条4項6号）、その他の会社では取締役の過半数による決定事項である（348条3項4号）。また、大会社では必ずその整備が必要とされている（同条4項、362条5項）。取締役の職務執行が法令・定款に適合を確保する体制のほか、会社が整備しなければならない体制には、①取締役の職務執行に係る情報の保存および管理に関する体制、②会社の損失の危険の管理に関する規程その他の体制、③取締役の職務執行が効率的に行われることを確保する体制、④使用人の職務執行が法令・定款に適合することを確保するための体制、⑤子会社などの企業集団における①～④の体制、⑥監査役、監査等委員会、監査委員会の職務執行に関する体制、⑦監査役非設置会社における取締役の株主への報告体制とされている（会施規98条、100条）。

　内部統制体制の整備を決定した会社では、その内容の概要と運用状況を事業報告に記載しなければならないとしている（会施規118条2号）。

　この制度は、近年、企業においては、会社の取締役または従業員などが不正行為等をなす事例が多発し、その結果、会社に対して経済的な損害を与える事案が増えてきたことから、会社が損害を受ける危険性を防止する体制を構築する義務が強制されることとなった。

3）競業避止義務

　取締役は、原則として会社の事業と同種の事業取引（競業取引）を行うには、会社に無断で行うことはできず、重要な事実を株主総会または取締役会に開示して、その承認を得なければ行うことができない（356条、365条）。この取締役の競業取引については、取締役個人のために行うか、あるいは他の会社その他の第三者のために行うかは問わない。競業取引が制限されるのは、会社の顧客を奪うという理由のみならず、会社の事業に関するノウハウ等をもっている取締役が、それを利用して会社の事業の部類に属する取引を行うことは、会社に多大の損害を及ぼすおそれがあるからであると解されている。

　従来は、自己のために行った競業取引は、会社のためになしたとみなす介入権が認められていたが、会社法では、これを廃止し、取締役の競業取引に

よって取締役または第三者が得た利益の額を会社の損害額と推定し、会社に損害が生じた場合、競業取引を行った取締役の損害賠償責任を認めている（423条1項・2項）。

4) 利益相反行為

取締役が自分の財産を会社に売却する場合（直接取引）、または、会社が取締役の債務の保証をする場合（間接取引）などには、会社と取締役の利益が相反することになる。すなわち、取締役個人の利益を図ろうとすれば、その分、会社に不利益をもたらす結果となるからである。このような取引を利益相反行為という。利益相反行為を行う場合には、競業避止義務と同様に取締役会または株主総会の承認を得なければならない（356条1項2号・3号、365条）。承認を得ずに行われた取引は原則として無効となるが、承認のないことを知らない善意の第三者には、無効を主張することができない。

利益相反行為として承認が必要な行為の範囲については争いがある。すなわち、形式的に直接取引ないしは間接取引に該当するならばすべて承認を要するとの考え方と、実質的に会社に不利益をもたらすおそれがある場合にだけ承認を要するとの考え方がある。通説は、形式的にこうした直接・間接取引に該当する場合には、すべて承認を得るべきであると解されている。これに対して、判例は、実質的に会社に不利益をもたらす場合だけに承認を要するとされている。この取締役会または株主総会による承認は包括的に与えられるものとされている。

判　例

　会社と取締役との間に本条（旧商265条→会356条）所定の取引がなされる場合でも、取締役が会社の全株式を所有し、会社の営業が実質上当該取締役の個人経営のものにすぎないときは、当該取引によって両者の間に実質的に利害相反する関係を生じるものではなく、当該取引につき取締役会の承認を必要としない（最判昭45・8・20民集24巻9号1305頁）。

17　取締役の責任

1）会社に対する責任

　取締役は、その任務に違反して会社ないしは第三者に損害を与えたときは、その損害の賠償責任が生ずることになる（423条1項、429条1項）。会社法は、取締役が会社に対して負わなければならない責任原因とその責任額をあらかじめ規定している。たとえば、①違法な配当をした取締役や提案をした取締役などは、その違法配当額（462条）を、②特定の株主に利益供与した取締役や関与した取締役は、その供与額（120条4項、会施規21条）を、③利益相反取引をした取締役や賛成した取締役は、会社の被った損害額（423条2項）を、④その他法令・定款に違反する行為をした取締役は、その損害額を賠償する責任がある。

2）第三者に対する責任

　取締役等の役員は、本来、職務に関しては会社に対してのみ責任を負うが、会社法は取締役が職務の遂行につき、悪意または重大な過失によって第三者に損害を及ぼしたときは、その第三者に対して取締役等が個人として責任を負うと規定している（429条1項）。また、取締役が計算書類等の重要事項等に虚偽記載等をしたり、虚偽の登記・公告をしたときは、無過失の立証ができない限り、第三者に対する責任を免れられない（同条2項）。

18　取締役等役員の任務懈怠責任の免除・限定

1）導入の背景

　取締役等の会社に対する責任とは、取締役等が、任務懈怠によって会社に生じさせた損害についての責任を負うことを意味する。そのため、取締役等の責任額が負担できないほどの巨額になる場合が生じる。この取締役等の責

任を免除するには、総株主の同意が必要とされる（424条）。しかし、損害賠償が巨額になりがちになる大企業では株主の数が非常に多いため、取締役等の責任をこの規定によって免除することは事実上不可能である。現在のように、企業経営や業績に関心をもつ株主が増えてくると、取締役等の責任追及等の代表訴訟などが増加する。そうなると、取締役等が任務懈怠責任の追及に萎縮してしまい、迅速かつ的確な経営判断を行うことを躊躇したり、社外取締役のなり手が少なくなるなど、会社の利益を害する可能性も指摘されるようになってきた。そこで、取締役の責任の一部免除、責任限定契約の制度が設けられた。

2）株主総会の特別決議による一部免除

　取締役等が任務懈怠によって会社に損害を生じさせた場合であっても、取締役が、職務を行うにつき善意でかつ重大な過失がないときには、株主総会の特別決議によって取締役等の会社に対する損害賠償額の全部または一部を免除することができる（425条1項）。この場合、取締役は、監査役設置会社の監査役、監査等委員会設置会社の監査等委員、指名委員会等設置会社の監査委員の全員の同意を得た（425条3項）うえで、損害賠償額の免除についての議案を株主総会に提出し、株主総会において①責任の原因となった事実および賠償すべき額、②免除額の限度およびその算定の根拠、③責任を免除すべき理由および免除額を開示しなければならない（425条2項）。ただし、取締役等の負う賠償額のすべてが免除されるのではなく、会社の地位に応じて最低限の額が定められており（最低責任限度額）、実際に免除される額は、取締役が負担する損害賠償額から最低責任限度額を控除した部分である。最高責任限度額は、①代表取締役、代表執行役は、報酬の6年分、②代表取締役以外の業務執行取締役、代表執行役以外の執行役は、報酬の4年分、③取締役、会計参与、監査役、会計監査人が2年分とされている（425条1項1号）。この報酬には、361条の報酬等に有利発行を受けた新株予約権により得た利益も含まれる（同条同項2号、会施規114条）。

3）定款による一部免除

取締役が2人以上いる監査役設置会社または監査等委員会設置会社、指名委員会等設置会社において、取締役等の役員の任務懈怠により損害賠償の責任が生じた場合、取締役等が職務を行う際に善意無重過失であり、責任の原因や職務執行状況等を勘案して特に必要と認めるときは、取締役会設置会社では取締役会決議、取締役会非設置会社では取締役の過半数の同意があれば、425条1項と同じ限度で任務懈怠の責任の一部を免除することができる旨を定款で定めることができる（426条1項）。ただし、総議決権の3%（定款で3%を下回る割合にする定めも可能）以上の議決権をもつ株主が異議を唱えたときは、定款による免除をすることができない（同条7項）。

取締役、取締役会の決議によって責任を免除することができる旨の定款の定めを新たに設ける議案を株主総会に提出する場合には、監査役設置会社の監査役、監査等委員会設置会社の監査等委員、指名委員会等設置会社の監査委員の全員の同意を得る必要がある（426条2項）。

4）責任限定契約

会社法は、業務執行を行わない取締役等の役員（非業務執行取締役等）が、善意無重過失で任務懈怠により賠償責任を負うことになった場合に、その賠償額をあらかじめ定款で定めた額を限度として責任を負うとする契約を結ぶことを認めている（責任限定契約、427条）。責任限定契約の範囲については、平成26年改正で社外性の要件から、非業務性の要件に変更されて範囲が拡大された。この責任限定契約を結ぶには、定款にその旨を定める必要がある。また、定款を変更して責任限定契約を導入する議案を株主総会に提出する場合には、監査役設置会社の監査役、監査等委員会設置会社の監査等委員、指名委員会等設置会社の監査委員の全員の同意を得る必要がある（同条3項）。

責任限定契約を結んだ会社が、非業務執行取締役等の任務懈怠によって、損害を受けたことを知ったときには、その後最初に開催される株主総会において、427条4項各号に定められた事項を開示しなければならない。

5）補 償 契 約

　補償契約とは、①取締役などの役員等がその職務執行に関し、法令に違反することが疑われ、または責任の追及のために請求を受けた場合に、これに対処するために支出する費用（防御費用、430条の2第1項1号）と、②役員等がその職務の執行に関し、第三者に生じた損害賠償責任を負うことの損失と第三者との紛争が和解に至った場合における役員等が支払う金銭（同条同項2号）の全部または一部を会社が補償する契約である。この制度は令和元年の改正で設けられた。この契約を結ぶには、取締役会設置会社では取締役会決議、取締役非設置会社では株主総会決議で補償契約の内容を決定する必要がある（同条同項）。この会社が補償する費用や損失には、一定の制限がある（同条2項）。また、補償契約に基づいて会社が費用や損失を補償した場合には、取締役会への報告義務（同条5項・6項）と公開会社では事業報告に開示をする必要がある（会施規119条2号）。

6）役員等賠償責任保険（D&O保険）

　役員等賠償責任保険（D&O保険）とは、会社が保険会社等の保険者との間で、役員等がその職務に執行に関し責任を負うことまたは当該責任の追及に係る請求を受けることによって生じることのある損害を保険者が塡補することを約するとの内容の保険契約である（430条の3第1項）。この保険契約の内容は、取締役会設置会社では取締役会決議、取締役会非設置会社では株主総会決議で決定され（同条同項）、事業報告での開示も必要となる（会施規119条2号の2）。また、会社がD&O保険の保険料を負担するときでも、利益相反性は低いとして、利益相反取引に関する規制は及ばないとしている（430条の3第2項）。

19　監査等委員会設置会社

1）意　　義

　「監査等委員会設置会社」は、監査等委員会を置く株式会社（2条11号の2）として、平成26年会社法改正によって、新たに導入された制度である。監査等委員会設置会社には、監査役は置かれず（327条4項）、取締役会のもとに監査等委員会が置かれ（326条2項参照）、監査等委員会が取締役の職務の執行を監査する（399条の2第3項1号）。なお、指名委員会等設置会社では、監査等委員会を置くことはできないが（327条6項）、会計監査人を設置しなければならない（同条5項）。

2）監査等委員の選任・任期・報酬

　監査等委員は取締役でなければならず、監査等委員である取締役は3人以上で、その過半数が社外取締役でなければならない（331条6項）。監査等委員である取締役は、それ以外の取締役と区別して、株主総会の普通決議によって選任される（329条2項）。監査等委員の選任にかかる議案は、監査等委員会の同意を得て、株主総会に提出される（344条の2第1項）。監査等委員会は、監査等委員である取締役の選任に関する議題および議案提案権を有する（同条2項）。監査等委員である取締役の解任には、株主総会の特別決議が必要である（309条2項7号、344条の2第3）。各監査等委員は、株主総会において、監査等委員である取締役の選任もしくは解任または辞任に関し意見を述べることができる（342条の2第1項）。監査等委員である取締役を辞任した者は、辞任後最初に招集される株主総会に出席して、辞任した理由を述べることができる（同条2項）。

　監査等委員である取締役の任期は、原則2年である（332条1項・3項括弧書）。監査等委員である取締役の報酬等は、それ以外の取締役の報酬とは区別して、定款または総会決議によって定める（361条2項）。通常は、監査等委員たる

取締役の報酬は、株主総会によって定められた総額の範囲内において、監査等委員である取締役の協議によって定められる（同条3項）。その際、各監査等委員は、株主総会において、監査等委員である取締役の報酬について意見を述べることができる（同条5項）。

3) 監査等委員会の権限・運営

監査等委員会は、①取締役（会計参与設置会社にあっては、取締役および会計参与）の職務の執行の監査および監査報告の作成、②株主総会に提出する会計監査人の選任、解任、不再任に関する議案の内容の決定、③監査等委員である取締役以外の取締役の選任もしくは解任または辞任（342条の2第4項）および監査等委員である取締役以外の取締役の報酬等について（361条6項）の監査等委員会の意見の決定、の職務を行う（399条の2第3項1号～3号）。さらに、会計監査人の解任権が認められている（340条5項）。

監査等委員会の監査権限は、監査役の業務監査権が適法性に限定されると解されているのとは異なり、妥当性にまで及ぶものと解されている。この業務監査を実効あらしめるために、①監査等委員会で選定された監査等委員による調査（399条の3）、②監査等委員による取締役会への報告義務（399条の4）、③監査等委員による総会への報告義務（399条の5、会施規73条1項3号参照）、④監査等委員による取締役の行為の差止（399条の6）、⑤監査等委員会設置会社と取締役との間の訴えにおける会社の代表等（399条の7）に関する規定が定められている。

監査等委員会の運営に関しては、招集手続等（399条の9）、決議（399条の10）、議事録（399条の11）等の規定が置かれている。招集手続については、招集期間は1週間とされるが、その短縮が定款によることは、監査役会の場合と同様であり、指名委員会等設置会社の場合（411条1項）と異なる。また、決議要件（399条の10第1項）が加重できないのは、監査役会の場合（393条1項）と同様であり、指名委員会等設置会社の場合（412条1項）と異なる。

4）取締役会の機能と権限

　監査等委員は取締役でなければならないことから（399条の2第2項）、取締役会の構成員として決議に参加する。取締役会の権限としては、①監査等委員会設置会社の業務執行の決定、②取締役の職務執行の監督、③代表取締役選定および解職、が定められている（399条の13第1項1号〜3号）。また、条文に列挙されている重要事項の決定は取締役に委任することはできないとされており（同条4項）、通常の取締役会設置会社の場合とほぼ同様である。

　しかし、これに対して、取締役の過半数が社外取締役である場合は、条文に列挙されている事項（399条の13第5項1号〜22号）を除いて、重要な業務執行の決定を取締役に委任することを、取締役会の決議によって決めることができる（同条同項）。また、重要な業務執行の決定を取締役に委任することを、取締役会の決議ではなく、定款で定めることもできる（同条6項）。

20　指名委員会等設置会社

1）指名委員会等設置会社とは

　指名委員会等設置会社は、指名委員会、監査委員会、報酬委員会の3つの委員会と執行役を置く株式会社である（2条12号、402条）。会社法は、会社の規模に関わりなく、すべての株式会社が指名委員会等設置会社になることを認めている（326条2項）。指名委員会等設置会社になるには、取締役会の設置（327条1項）、会計監査人の設置が強制されている（同条5項）。この会計監査人の設置は、取締役会が権限委譲を大幅に行う執行役の財政的な監視・監督を可能にすることを目的としている。

　指名委員会等設置会社は、監督と執行の制度的分離を意図する。このねらいは、内部統制の徹底である（348条3項4号、362条4項6号など）。この指名委員会等設置会社の特色として、執行役は取締役資格を要求されておらず、取締役会の決議でいつでも執行役を任免し、会社の業務執行者（経営者）の入れ替えを機能的に行うことができる点にある。

アメリカ法をモデルにしたとされる指名委員会等設置会社は、「コーポレートガバナンス」に優れているといわれている。コーポレートガバナンス（企業統治）とは、企業は株主のものという考えの下、企業経営を監視する仕組みであり、どのような形でそれを設けるかが問題となる。具体的には、不正行為の防止（健全性）と企業の収益性・競争力の向上（効率性）が目的とされる。なお、指名委員会等設置会社には、監査機関としての監査委員会と執行機関としての執行役が置かれるため、監査役や代表取締役は設置されない。

2）3つの委員会

前述のとおり、指名委員会等設置会社は、指名委員会、監査委員会、報酬委員会の3つの委員会をもつ。指名委員会は、株主総会に提出する取締役・会計参与の選任・解任に関する議案内容の決定を行う（404条1項）。監査委員会は、取締役・執行役・会計参与の職務の執行の監査等を行う（同条2項）。報酬委員会は、取締役・執行役・会計参与が受ける個人別の報酬の内容を決定することになる（同条3項）。

各委員会は3人以上の取締役で構成され、その過半数は社外取締役でなければならないとされる（400条3項）。監査委員会の委員（監査委員）は、指名委員会等設置会社もしくはその子会社の執行役もしくは業務執行取締役または指名委員会等設置会社の子会社の会計参与もしくは支配人その他の使用人を兼ねることができない（同条4項）。

3）経営監督―取締役会―

指名委員会等設置会社の取締役会は、経営の基本方針をはじめ、法定の基本事項についての業務執行の決定、執行役などの職務執行の監督を担当する（416条1項）。そのメンバーである取締役は3委員会に参加することはあるが、取締役として業務執行を行うことはできない（415条）。業務執行の決定なども、取締役に委任することは禁じられる（416条3項）。

取締役は、執行役の監督が職責であるため、執行役の指揮命令下にある会

社の支配人その他の使用人を兼ねることもできない（331条4項）。ただし、取締役が執行役を兼任することは認められている（402条6項）。

4）業務執行―執行役―

業務執行は、取締役会が選任する1人または数人の執行役に委ねられる（418条）。取締役会は、法定の基本事項以外についての決定も、執行役に委ねることができる（同条）。会社の代表は、取締役会の決議により、執行役の中から選定される代表執行役が行うこととなる（420条1項）。

21　監　査　役

1）監査役の意義

　監査役は、取締役（会計参与設置会社においては、取締役および会計参与）の職務執行を監査する（381条1項）ために、定款で設けられる株式会社の任意機関である（326条2項）。しかし、委員会設置会社を除く、取締役会設置会社および会計監査人設置会社においては、必要機関とされる（327条2項・3項）。

　取締役会、株主総会による監督機能では不十分なため、株主総会で監査役を選任して（329条1項）、常時、取締役の職務執行の監査にあてることにしたのである。

　監査役は、各自が会社の機関を構成し、数人の監査役がいる場合でも、各監査役が単独で職務権限を有する独任制の機関であり、監査役会が設置される場合でも、この原則に変わりはない。

2）地　　　位

　資格については、公開会社でない会社を除いて、定款によっても株主に限ることは認められないほか、取締役と同様の欠格事由が定められている（335条1項）。また、監査役は、監査役の独立性および監査の第三者性の確保の観点から、当該会社もしくはその子会社の取締役もしくは支配人その他の

使用人または当該子会社の会計参与もしくは執行役を兼ねることはできない（同条2項）。

　選任については、株主総会の普通決議で選任されるが（329条1項）、解任については、特別決議によらなければならない（309条2項7号）。また、取締役による監査役の選任議案には監査役の同意が必要とされ（343条1項）、自ら監査役の選任の議題・議案提出を求めることもできる（同条2項）。

　員数については、後述のように監査役会設置会社では、監査役は3名以上で、そのうち半数以上は社外監査役でなければならないが（335条3項）、それ以外の会社では制限はなく、1人でも差し支えない。

　任期については、選任後4年以内の決算期の株主総会の終結時までとされるが（336条1項）、公開会社でない株式会社においては、定款で10年まで伸長することができる（同条2項）。

　報酬等は、定款にその額を定めていないときは、株主総会の決議によって定める（387条1項）。また、監査役が2人以上いる場合に、各監査役の報酬等について定款の定めまたは株主総会の決議がないときは、当該報酬等は、定款または総会決議で定めた範囲において、監査役の協議によって定める（同条2項）。これに関して、監査役は、株主総会において、監査役の報酬について意見を述べることができる（同条3項）。さらに、監査役がその職務の執行について、会社に対して費用の前払い、支出した費用および支出の日以後におけるその利息の償還、負担した債務の債権者に対する弁済（債務が弁済期にない場合は、相当の担保の提供）の請求をしたときは、会社は、その請求に関する費用または債務がその監査役の職務の執行に必要でないことを証明した場合を除き、これを拒むことはできない（388条）。

22　監査役の権限

1）会計監査権限と業務監査権限

　監査役は、取締役（および会計参与）の職務の執行を監査するが、法務省令

コラム　監査役の業務監査権限の範囲

　監査役は、原則として、会計監査権限のほかに取締役（会計参与設置会社では、取締役および会計参与）の職務執行を監査する業務監査権限をも有しているが（会381条1項）、その範囲については争いがある。

　「監査役の業務監査は適法性の監査に限られ、妥当性監査には及ばない」とするのが多数説であるが、これに対して、「違法性の監査を原則とするが、誰が見ても不当と認められる場合は『著しく不当』として、その限りで妥当性監査にも及ぶ」、「妥当性監査にも及ぶが、消極的かつ防止的な妥当性にとどまる」、などの各説がある。

　確かに、監査役に妥当性監査を認めると、取締役会に固有な経営判断の自由と取締役の自発性を拘束する可能性が生じるとともに、監査役が業務執行の妥当性についての適切な判断を下しうるか疑問であるが、監査役は取締役の行為が著しく不当である場合は、善良なる管理者の注意義務（330条、民644条）・忠実義務（355条）の違反の有無を監査するわけであるから、実際上は、妥当性に関わる事項についても監査することになるといえる。

で定めるところにより、監査報告書を作成しなければならない（381条1項）。

　監査役は、取締役の職務の執行を監査する機関であるから、その職務権限は会計の監査（436条1項）に限らず、業務全般の監査に及ぶことになる（381条1項）。ただし、公開会社でない株式会社（監査役会設置会社および会計監査人設置会社を除く）では、定款で監査の範囲を会計に関するものに限定できる（389条1項）。このような定款の定めがある会社は、監査役の権限は会計に関する監査に限定されるので、業務監査を前提とした規定（381条〜386条）は適用されず（389条7項）、監査役設置会社とはならない（2条9号）。従来、このような定款の定めがあるか否かによって、会社法上の規律が異なり、会社法上の定義と登記事項との規律が異なることによる混乱が生じるとの指摘がされていたことから、平成26年改正により、監査役の監査の範囲を会計監査に限定する場合は、その旨を登記することが義務づけられた（911条3項17号）。

　監査役の業務監査は、一般に適法性監査（業務執行が適法か否か）に限られ、経営の妥当性監査（業務執行が経営上妥当か否か）にまでは及ばないとされる。

しかし、取締役の業務執行行為が著しく妥当性を欠くときは、その取締役の行為は善管注意義務・忠実義務に違反し、違法性を帯びるため、監査役はその行為を差し止めることができる（385条1項）。

判　例

　会社または子会社の取締役・支配人その他の使用人など兼任を禁止される地位についている者が監査役に選任され、就任を承諾した場合には、兼任を禁止されている従前の地位を辞任したと解される（最判平元・9・19判時1354号149頁）。

　監査役・使用人の兼任禁止の規制は、弁護士の資格を有する監査役が、特定の訴訟事件につき、会社から委任を受けて訴訟代理人になることまで禁止するものではない（最判昭61・2・18民集40巻1号32頁）。

　事業年度の途中で招集された株主総会において、それまで取締役であった者が監査役に選任されると、自己が取締役であった期間につき、自己を含む取締役の職務執行を監査する「自己監査」の事態が生じるが、この程度のことは認容されると解される（東京高判昭61・6・26判時1200号154頁）。

2）常時監査のための権限と事前・事後の監査のための権限

　監査役の権限は、常時監査のための権限と、事前・事後の監査権限に大別できる。

　常時監査のための権限としては、事業報告権と調査権がある。監査役は、いつでも、取締役および会計参与ならびに支配人その他の使用人に対して事業の報告を求め、または監査役設置会社の業務・財産の状況の調査を行うことができる（381条2項）。また、監査役は、その職務を行うため必要があるときは、監査役設置会社の子会社に対しても、事業の報告を求め、またはその子会社の業務・財産の状況の調査をすることができる（同条3項）。ただし、子会社は、正当な事由があれば、この報告・調査を拒否できる（同条4項）。

　なお、監査の過程で、監査役は取締役が不正を行い、もしくはそのおそれ

があると認めるとき、または法令・定款違反の重大事実もしくは著しく不当な事実があると認めるときは、遅滞なくその旨を取締役（取締役会設置会社では取締役会）に報告することを要する（382条）。

　また、事前の監査権限としては、取締役会への出席権・発言権（義務でもある）（383条1項）、取締役会の招集（請求）権（同条2項・3項）、取締役が株主総会へ提出する議案・書類の調査権（384条）、取締役の違法行為の差止請求権（385条）などが法定されている。

　さらに、事後の監査権限としては、決算計算書類および事業報告ならびに附属明細書の監査権（436条）、違法行為の是正権としての各種の訴訟提起権および申立権、取締役・会社間の訴訟における会社代表権（386条1項）および代表訴訟（責任追及等の訴え：847条1項）の提起請求、提起の告知ならびに和解の通知および催告を受ける権限（386条2項）などが法定されている。ただし、公開会社でない株式会社（監査役設置会社または会計監査人設置会社を除く）においては、定款で監査の範囲を会計監査に限定することが認められており（389条1項）、この場合、監査役は会計監査権限のみを持ち、業務監査権限を持たないので、上記のなどの権限は有せず（同条7項）、その他の権限も会計監査を行うにつき、必要な限度で有するにとどまる。

23　監査役の責任

1）監査役と会社との関係

　監査役と会社との関係は、取締役と同じく、委任に関する規定が適用されるため（330条）、監査役は職務の遂行において、会社に対して善良な管理者の注意義務を負うことになる（民644条）。ただし、取締役と異なり、監査役には業務執行権限が付与されていないため、会社と利益衝突することが生じないことから、取締役の忠実義務に関する規定（355条）は準用されず、競業避止義務や利益相反取引に関する規定（356条）も設けられていない。

　また、株主による違法行為の差止請求権（360条）の対象にもならない。こ

のような会社との関係の下に、監査役は独任制の機関として、監査権を行使することになる。

判　例

監査役がその任務を怠ったときは、会社に対し、連帯して、これによって生じた損害を賠償する責任を負う（神戸地姫路支決昭 41・4・11 下民集 17 巻 3 ＝ 4 号 222 頁、大阪地判昭 49・4・26 判時 781 号 103 頁、東京地決昭 52・7・1 判時 854 号 43 頁）。

弁護士が、子会社の監査役に就任した場合、一般人に比して、監査役の職務を一層真摯になすべきことが期待されることをも斟酌すると、粉飾決算を放置したことは、監査役として重大な任務懈怠があり、任務懈怠について悪意・重過失があると認められる（東京地判平 4・11・27 判時 1466 号 146 頁）。

2）会社に対する責任と第三者に対する責任

監査役の責任は、会社に対する責任と第三者に対する責任に大別される。

会社に対する責任としては、監査役が任務懈怠により、たとえば取締役と結託して違法行為を看過したり、虚偽の内容の監査報告書を作成した結果、会社に損害を与えたような場合は、会社に対して連帯してその損害を賠償する責任を負うことになる（423 条 1 項）。この責任は、総株主の同意がなければ免除されないが（424 条）、監査役が当該職務を行うにつき、善意でかつ重大な過失がないときは、株主総会の特別決議によって、責任の一部を免除することができる（425 条 1 項）。平成 26 年改正により、業務執行取締役・執行役または支配人その他使用人でない取締役とともに、すべての監査役は、定款の定めにより、会社との間で責任限定契約を締結することが可能になった。これに伴って、責任限定限度額も、業務執行をしていたか否かで区別する形に変更（427 条 1 項）された（詳しくは、89 頁参照）。さらに、会社が監査役の責任を追及する場合は、代表取締役が会社を代表して訴えを提起することになるが（349 条 4 項）、会社が責任追及を行わない場合には、株主が責任追及等

の訴え（代表訴訟）を提起して監査役の責任を追及できる（847条〜853条）。また、平成26年改正により、親会社の株主が子会社の監査役の責任について、一定の要件の下に、株主代表訴訟を提起できる制度（多重代表訴訟制度）が導入（847条の3第1項）された（詳しくは、107頁参照）。

　第三者に対する責任としては、監査役がその職務を行うについて、悪意または重過失があった場合は、これによって第三者に生じた損害を賠償する責任を負うことになる（429条1項）。また、監査役、監査等委員および監査委員が監査報告書に記載し、または記録すべき重要な事項についての虚偽の記載または記録を行った場合において、その行為者たる監査役が無過失の証明をしない限り、それによって損害を被った第三者に対して、責任を負う（同条2項3号）。

　なお、監査役が会社または第三者に対して損害賠償の責任を負う場合において、他の役員等も当該損害を賠償する責任を負うときは、その監査役と他の役員等は連帯債務者となる（430条）。

24　監査役会

1）権限・義務

　監査役会は、すべての監査役で組織される監査機関である（390条1項）。規模の大きな会社においては、単独の監査役がすべての取締役の業務執行を監査することは困難であるため、会社法においては、職務分担による組織的監査により監査の実効性を高めるとともに、構成員の半数以上を社外監査役であることを要件とすることにより、監査の独立性を高めることを目的として、3人以上で組織される監査役会を設置することにした（335条3項）。監査役会の設置は任意であるが、公開会社でない会社、監査等委員会設置会社および指名委員会等設置会社以外の公開会社である会社は、監査役会を設置しなければならないとされる（328条1項）。

　監査役会は、①監査報告の作成、②常勤の監査役の選定・解職、③監査の

方針、監査役会設置会社の業務・財産の調査の方法その他の監査役の職務の執行に関する事項の決定などの職務を行う。

　ただし、監査役の独任制を確保するため、③の決定は、個々の監査役の職務の執行を妨げることはできないものとされ（390条2項）、各監査役は、監査役会の求めがあるときは、いつでも、その職務の状況を監査役会に報告しなければならないとされる（同条4項）。

　なお、平成26年改正前会社法では、会計監査人の選解任・不再任に関する議案の内容および報酬等の決定は、取締役または取締役会の権限とされていたが（旧298条1項・4項）、監査を受ける立場にある取締役または取締役会が、会計監査人の選解任・報酬に関する議案の決定に関与することは、会計監査人の独立性の観点から問題があるとの指摘があった。

　平成26年改正により、監査役設置会社において、株主総会に提出する会計監査人の選解任・不再任に関する議案の内容は、監査役会が決定することになった（344条1項・3項）。

2) 運　　　　営

　監査役会は、各監査役によって招集され（391条）、監査役会を招集するためには、監査役会の開催日の1週間（これを下回る期間を定款で定めた場合にあっては、その期間）前までに、各監査役に対して、通知を発しなければならないとされる（392条1項）。ただし、監査役の全員の同意がある場合は、招集の手続を経ることなく監査役会を開催することができる（同条2項）。監査役会の決議は、監査役の過半数をもって行われ（393条1項）、議事については、法務省令に定めるところにより、議事録を作成し、出席した監査役はこれに署名し、または記名押印しなければならない（同条2項・3項）。監査役会の決議に参加した監査役であり、この議事録に異議をとどめないものは、その決議に賛成したものとみなされる（同条4項）。議事録は、監査役会の日から10年間、本店に備え置かなければならず（394条1項）、株主が権利を行使するために必要がある場合は、裁判所の許可を得て、議事録の閲覧・謄写の請求

をすることが認められる（同条 2 項）。

　なお、取締役、会計参与、監査役または会計監査人が、監査役の全員に対して、監査役会に報告すべき事項を通知した場合は、当該事項を監査役会に報告することを必要としない（395 条）。

25　会計監査人

1）会計監査人とは

　会計監査人は、計算書類などの監査（会計監査）をする者である。大会社および指名委員会等設置会社・監査等委員会設置会社は、これを必ず置かなければならない（327 条 5 項・328 条）。それ以外の会社においても、会計監査人は設置することができるが、この場合、監査役も置かなければならない（327 条 3 項）。

　会計監査人は、公認会計士または監査法人でなければならない（337 条 1 項）。会計監査人に選ばれた監査法人は、その社員から会計監査人の職務を行う者を選び、これを会社に通知しなければならない（同条 2 項）。会計監査人の定員は決められておらず、その任期は 1 年である（338 条 1 項）。株主総会において、別段の決議がなされなかったときは、その総会において再任されたものとみなされることになる（同条 2 項）。

2）会計監査人の権限

　会計監査人は、以下の権限をもつ。①計算書類等の監査、②会計監査報告、③会計帳簿の閲覧など、④子会社調査権などである。①計算書類等の監査とは、会社の計算書類（435 条 2 項）、その附属明細書、臨時計算書類（441 条 1 項）、連結計算書類（444 条 1 項）の監査である。②会計監査報告は、計算書類等の監査について、法務省令の定めに基づき、会計監査人がそれを作成する（396 条 1 項など）。③会計帳簿の閲覧などについては、会計監査人が、会計帳簿などの資料の閲覧および謄写をすることができる。また、取締役・執行

役・会計参与・支配人その他の使用人に対しても、会計に関する報告を求めることができる（同条 2 項・6 項）。④子会社調査権とは、会計監査人は、必要があれば、子会社に対して会計に関する報告を求め、会社またはその子会社の業務および財産の状況を調査することができることである（同条 3 項）。

3) 会計監査人の義務など

（a）会計監査人の義務

会計監査人は、不正行為の報告、定時株主総会での意見陳述を行わなければならない（397 条、398 条）。不正行為の報告について、具体的には、取締役（または執行役）の職務執行に関し、不正行為または法令・定款に違反する重大な事実があるとき、これを監査役（監査役会設置会社では監査役会、監査等委員会設置会社では監査等委員会、委員会設置会社では監査委員会）に報告しなければならない（397 条 1 項・3 項・4 項・5 項）。

（b）会計監査人の報酬

会計監査人の報酬は会社が定める。取締役は、会計監査人の報酬などを定めるときは、監査役（監査役が 2 人以上いる場合においてはその過半数、監査役会設置会社では監査役会、監査等委員会設置会社では監査等委員会、指名委員会等設置会社では監査委員会）の同意を得なければならない（399 条）。

26 会 計 参 与

1) 会計参与とは

会計参与は、取締役または執行役（374 条 1 項・6 項）と共同して計算書類等を作成し、法務省令に基づき会計参与報告を作成する者である（374 条 1 項）。加えて、当該計算書類等を会計参与設置会社の本店または支店とは別に 5 年間保存し（378 条 1 項）、株主や会社債権者に対して開示する（同条 2 項、会施規 103 条）などの職責を担う。計算書類等の作成・保存などは会社の業務執行に属することから、会計参与は会社の業務執行機関であるとされる。ま

コラム　会計参与制度の導入の背景

　会計参与は、中小規模の会社の会計の適正化に資することも目的として、平成17年の会社法の制定に伴って導入された制度であり、会社の機関設計にかかわらず、定款に規定することにより、任意に設置できる機関である。資格としては、公認会計士（または監査法人）か税理士（または税理士法人）という専門的資格を必要とする（333条1項）。

　従来、大会社（資本金5億円以上または負債総額200億円以上に該当する会社）においては、会計監査人による監査が義務づけられており、ある程度の計算書類の適正性が担保されていた。これに対して、特に会計監査人による監査が義務づけられていない中小規模の会社の計算書類の信頼性の低さが指摘されていた。

　中小規模の会社の計算書類については、必ずしも会計参与を設置しなくても、「中小企業の会計に関する指針」、「中小企業の会計に関する基本要領」などのルールに従って作成することにより、ある程度の適正性は担保しうる。しかし、会計参与の制度を導入すると、①税理士等の資格をもつ職業的専門家が、取締役と共同して計算書類を作成する（374条1項）ことにより、より信頼性の高い計算書類の適正性の担保が期待できる、②計算書類の信頼性が高まることにより、金融機関や取引先の信用がアップし、特に金融機関から融資を受ける際に有利となる、などのメリットが生じる。

　デメリットとしては、会計参与に対する報酬等の支払義務が発生することが挙げられるが、会社に会計参与を設置すると、会社の登記簿に会計参与設置会社である旨が記載され、会社の対外的な信用度が増すことも期待しうる。

た、外部監査を担当する会計監査人と異なり、会計参与は役員とされる（329条1項）。

　会計参与は、公認会計士・監査法人・税理士または税理士法人でなければならない（333条1項）。会計参与の定員は決められておらず、その任期については取締役の任期に関する規定を準用する（334条、332条1項・2項・3項・6項・7項）。また、会計参与の選任・解任・欠員が生じた場合の措置、会社との関係についても、取締役の場合と同様である（329条、330条、339条、346条）。

　会計参与制度は、会社法により、新たに設けられた制度である。株式会社のうち、特に会計監査人の設置されていない中小企業において、計算書類の

適正性・正確性を高めることが期待され、中小企業の社会的信用を高めるために資することになろう。

2) 会計参与と監査役・会計監査人

　会計参与を設置できる会社の範囲には制限がない。会社の規模などを問わず、定款で設置する旨を定めることができる（326条2項）。監査等委員会設置会社・指名委員会等設置会社を除き、取締役会設置会社では監査役を置かなければならない。公開会社でない会計参与設置会社においては、監査役の設置は不要とされる（327条2項）。この点で、会計参与は監査役に代わる機能を果たす。このような側面をもつ一方で、会計参与は監査を職務とするものでもない。この意味で、計算書類の監査を職務とする会計監査人とも異なる。それゆえに、両者の併存は認められ、会計監査人設置会社でも会計参与を設置できるものとされる。ただし、1人が会計監査人と会計参与を兼任することはできない（337条3項2号）。

3) 会計参与の権限と義務など

　会計参与の権限としては、以下のようなことを挙げることができる。①計算書類など（435条2項、441条1項、444条1項）を作成する、②会計参与報告を作成し（374条1項）、③会計帳簿の閲覧なども行うことができる（同条2項）。また、④子会社調査権をも有している（同条3項）。

　つぎに、その義務等としては、①不正行為の報告（375条）、②取締役会への出席と意見の陳述（376条）、③株主総会における意見陳述（377条）、④計算書類の備え置き等（378条）を挙げることができる。

　報酬に関しては、原則として、定款または総会決議で定められる（379条1項）。

27　会社訴訟

1）総　　論
　会社法は第7編第2章（828条～867条）は、民事訴訟法の特則として会社組織に関する訴えと株式会社における責任追及等の訴えについての規定をまとめている。

2）会社組織に関する訴え
　会社組織に関する訴えには、会社組織に関する行為の無効の訴え（828条）と新株発行等の不存在の訴え（829条）、株主総会等の決議の不存在または無効の確認の訴え（830条）、株主総会等の決議の取消しの訴え（831条）、持分会社の設立の取消しの訴え（832条）、会社の解散の訴え（833条）がある。それぞれの訴えについて、提訴権者、提訴期間などの要件を定めるとともに、判決の効力が及ぶ者の範囲（838条）、無効判決の効力（840条～845条）などについて規定している。

3）株式会社における責任追及等の訴え（株主代表訴訟）
　取締役などの役員等が、任務懈怠（423条1項）その他の事由により、会社に損害を与えた場合には、会社はその役員等に対して損害の賠償を求めることが原則である。しかし、現実には、役員同士の仲間意識などで会社が、賠償責任を負っている役員等を訴えることは多くない。そこで、会社法では、会社に代わって、株主が、賠償等の責任を負っている役員等に責任を追及するの訴え（代表訴訟）を起こすことを認めている（847条）。847条は、代表訴訟を提起できる株主の要件、対象、責任の範囲を定めている。

4）特定責任追及の訴え（多重代表訴訟）
　平成9年の独占禁止法改正により純粋持ち株会社が解禁されて以来、直接

には事業を行わず、他の会社のすべての株式を保有している会社（完全親会社）が、子会社（完全子会社）に事業を行わせる純粋持株会社が増加している。こうした純粋持株会社では、事業を実際に行う子会社の活動が、完全親会社の業績等に大きな影響を与えることになる。しかし、完全子会社の取締役等の役員の任務懈怠により完全親会社が損害を被った場合でも、完全子会社は別法人であるので、完全親会社の株主が、直接に完全子会社の取締役等の役員の責任を追及することができなかった。そこで、平成26年の会社法改正で特定責任追及の訴え（多重代表訴訟）の制度が創設され、一定の要件を満たす完全親会社の株主に、完全子会社の役員等の責任追及を認めた（847条の3）。また、同改正では、企業統合等により株式交換、株式移転によって、消滅会社となった旧株主で引き続き完全親会社や存続会社の株主で一定の要件を満たす株主にも責任追及訴訟の訴え（旧株主による責任追及等の訴え）を提起することも認めた（847条の2）。

第4章

資金調達、計算、組織再編

1 募集株式の発行

1) 株式会社の資金調達

　会社が活動するためには、資金が必要である。会社の資金調達の方法は、外部からの調達と内部からの調達との2つに分けられる。内部からの資金調達方法としては、会社が上げた収益を株主に分配せず、内部資金として会社内に留保することが挙げられる。ただ、この方法によると、会社の資金調達額が会社の収益状況に依存することになり、大規模な事業を計画している会社は資金不足に陥る可能性が生じる。

　会社資金を外部から調達する方法としては、銀行等の金融機関からの借入れという方法が一般的に行われるが、会社法では、株式会社の外部資金の調達方法として、募集株主の発行、新株予約権、社債発行などの方法について規定を置いている。

2) 募集株式の発行形態

(a) 株主割当て

　株主割当てとは、株主に対して保有している株式の数に応じて、株式の割当てを受けることができる権利を与え（202条）、申込みのあった株主に募集株式を割り当てることをいう。株主割当ては、資金調達の面からすると、既存株主からの出資のみに頼らざるをえないことから、調達できる資金には限度があるといえる。

（b）第三者割当

第三者割当とは、特定の者に株式の割当てを受けることができる権利を与え、その者に株式を発行することにより資金調達を行う方法をいう。特定の企業との資本提携を強めたり、各種の業務提携を強化する場合、乗っ取り防止のために系列企業等を安定株主とする場合、さらには、従業員持株制度を採用している場合などに、この方法がとられる。

（c）公　　募

公募とは、広く一般公衆から引受人を募集することをいう。公募は不特定多数の者を対象とすることから、大規模な資金調達に適した方法である。そのため、公募の場合、既存株主の持分比率に影響が出る可能性があり、払込金額によっては、株主の有する株式の経済価値に影響が出ることも考えられる。

3）募集事項の決定

公開会社は、有利発行の場合を除き、取締役会決議により募集事項を決定する（201条1項）。募集事項とは、募集株式の数、払込金額またはその算定方法などの199条1項各号に定める事項である。募集事項は、募集ごとに均等に定めなければならない（199条5項）。非公開会社の場合は、株主総会で募集事項を決定する（特別決議）（同条2項、309条2項5号）。

また、株主総会決議で、募集株式の数の上限および払込金額の下限を設定したうえで、1年以内の期間で、取締役（取締役会設置会社では、取締役会）に募集事項の決定を委任することができる（200条1項・3項）。

さらに、株主割当てをする場合は、原則として、公開会社の場合は取締役会の決議、非公開会社の場合は株主総会の特別決議により決定しなければならないものとされる（202条3項、309条2項5号）。

会社法では、募集株式が譲渡制限株式である場合、募集株式の割当てを受ける者を定め、かつ、その者に割り当てる募集株式の数を決めるためには、定款に別段の定めがない限り、株主総会の特別決議（取締役会設置会社では、取

締役会決議）によらなければならないものとされている（204条2項、309条2項5号）。これに対して、募集株式につき、総数引受契約が締結される場合は、会社法204条の適用が除外され（旧205条）、募集株式が譲渡制限株式であっても、株主総会（取締役会設置会社では、取締役会）の決議は不要とされることから、譲渡制限株式に関する閉鎖性の維持や既存株主の支配的利益の保護が確保されないとする指摘があった。

　平成26年改正により、譲渡制限株式を募集株式とする募集を行う場合で、引受け人が総数引受契約を締結して引き受けるときには、定款に別段の定めがない限り、会社はあらかじめ株主総会の特別決議（取締役設置会社の場合には、取締役会決議）によって、当該契約の承認を受けることが必要になった（205条2項、309条2項5号）。

4) 募集事項の通知・公告

　株主割当て以外の場合、公開会社は、一定の場合を除き（201条5項、会施規40条）、払込期日（または払込期間の初日）の2週間前までに募集事項を株主に対して、通知または公告しなければならない（201条3項・4項）。株主に募集株式発行の差止め（210条）の機会を与えるために、この期間が設けられている。

　株主割当ての場合は、申込期間の2週間前までに、株主に募集事項、割当株式数などを通知しなければならない（202条4項）。

5) 申込み・割当て・引受け

　会社は、募集株式の引受けの申込みをしようとする者に対し、商号・募集事項・金銭の払込取扱場所などを通知しなければならない（203条1項、会施規41条）。ただし、金融商品取引法における目論見書が交付されているなどの場合は、この通知は不要である（203条4項、会施規42条）。

　申込みをしようとする者は、氏名・名称、住所、引受株式数を記載した書面を会社に交付して申し込む（203条2項）。会社は割当てを受ける者および

株式数を決定し（204条1項・2項）、払込期日（または払込期間の初日）の前日までに申込者に通知する（204条3項）。申込者は割当てを受けた株式について、引受人となる（206条1項）。株主割当ての場合、申込期日までに申込みをしないと、割当てを受ける権利を失う（204条4項）。

　平成26年改正により、公開会社において、特定引受人に対する募集株式の割当てについて、従来の第三者割当とは異なる手続を要する（206条の2）ことになった（詳しくは、24頁参照）。

6）出資の履行

　募集株式の引受人は、払込期日（または払込期間内）に金銭の全額の払込みまたは現物出資の全部の給付をしなければならない（208条1項・2項）。金銭の払込みは、会社が定めた銀行などの払込取扱場所において行う。引受人は、会社に対する債権を有する場合でも、相殺の方法によって出資を履行することはできない（208条3項）。現物出資については、現物出資財産の過大評価を防止するために、原則として、裁判所の選任する検査役の調査を受けることが必要である（207条1項。例外について207条9項参照）。

　払込期日（または払込期間内）に出資の履行をした引受人は、その日に株主となり（209条1項）、出資の履行をしない場介は、株主となる権利を失う（208条5項）。

7）違法な新株発行等に対する措置

（a）募集株式発行の差止め

　募集株式の発行が、株主総会（取締役会）決議が欠けている場合や株主への通知義務違反等の法令・定款違反の場合、または、資金調達の需要もないのに第三者割当てを行った等の著しく不公正な方法により行われ、それによって株主が不利益を受けるおそれがあるときには、株主は差止めを請求することができる。

　差止めの方法としては、裁判外の方法でも、裁判による方法でも行えるが、

差止めは株式の発行が行われるより前に行うことを要することから、裁判所に仮処分命令を申し立てて、発行を差し止めることが一般的に行われる（民保23条2項）。

（b）株式引受人・取締役等の責任

募集株式の引受人が取締役（指名委員会等設置会社では取締役または執行役）と通謀して、著しく不公正な払込金額で株式を引き受けた場合、引受人は、公正な価額と払込金額との差額に相当する金額を会社に支払う義務を負う（212条1項1号）。

現物出資に関して、給付された目的物の実価が募集事項として定められた現物出資の価額よりも著しく不足する場合にも、引受人および募集に関する職務を行ったまたは議案を提案した取締役または執行役等は、検査役の調査を受けた場合や無過失を証明した場合を除き、連帯して不足額の支払義務を負う（212条1項2号、213条）。

平成26年改正により、株式の仮装払込みを行った引受人と取締役に関する責任（213条の2第1項、213条の3第1項）が改正された（詳しくは、31頁参照）。

（c）新株発行無効の訴え

新株発行の効力を争うためには、訴えによることが必要であり、訴えは株式の発行が効力を生じた日から6か月以内（非公開会社では1年以内）にしなければならない（828条1項・2項）。提訴権者は株主、取締役、執行役、監査役、清算人に限られる（828条2項2号・3号・4号）。新株発行無効判決の効力は、原告・被告間だけではなく、原告以外の第三者に対しても効力を有し、何人といえどもその効力を争えない対世効を有する（838条）。その判決により無効とされた行為は、将来に向けてその効果を失う（839条）。

新株発行の無効原因としては、定款で規定した発行可能株式総数（37条）を超えた株式の発行、定款に定めのない種類株式の発行、株主に付与された株式の割当てを受ける権利（202条）を無視した新株発行、発行条件を不均等に定めたことなどが挙げられる。

（d）新株発行不存在確認の訴え

　新株発行無効の訴えが新株の発行が行われてその効力を争う場合であるのとは異なり、新株発行が全く行われていない、あるいは行われたと法的にいえない場合、たとえば、増資に関する登記だけが行われているものの、新株発行の手続が全く行われていないなどの場合には、新株発行の不存在確認の訴えを提起することができる（829条）。提訴権者・提訴期間の制限はないが、判決に対世効はある（838条）。

2　新株予約権

1）新株予約権とは

　新株予約権とは、会社に対して、行使期間内に行使価額で権利行使することにより、会社から株式の交付（新株の発行または自己株式の交付）を受けることができる権利をいう（2条21号）。株価が行使価額を上回ったときに、新株予約権を行使して株式を取得して、その株式を売却することにより利益を得ることができるが、株価が下回ると、新株予約権を行使できないか、あるいは損失を被ることとなる。

　新株予約権は、①新株予約権付社債として資金調達のために発行する、②取締役や従業員に対して、報酬や給与の代わりとして新株予約権を付与して、インセンティブ報酬として利用する（ストックオプション）、③敵対的企業買収の防衛策として株主に発行する、などの場合に利用される。

2）新株予約権の内容

　会社法は、新株予約権の内容として、①新株予約権の目的である株式の数または算定方法、②新株予約権の行使に際して出資される財産の価額または算定方法、③金銭以外の財産を新株予約権の行使に際してする出資の目的とするときは、その旨ならびに当該財産の内容および価額、④権利行使期間、⑤行使により株式を発行する場合の資本金・資本準備金に関する事項、⑥譲

渡制限を付す場合は、その旨、⑦取得条項（会社が強制収得できる旨の条項）を付す場合は取得事由など、⑧組織再編行為（合併など）をする場合の取扱い、⑨新株予約権証券を発行するときは、その旨、などの事項を規定している（236条1項）。

また、新株予約権には行使条件を付することができるが、行使条件を定めたときは登記することを要する（911条3項12号ハ）。

3) 新株予約権の発行手続

公開会社においては、有利発行の場合を除き、取締役会決議により新株予約権の募集事項（238条1項）を定める（240条1項）。非公開会社の場合は、株主総会の特別決議で募集事項を定めるが（238条2項、309条2項6号）、株主総会の特別決議により、決定を取締役（会）に委任する（委任しうる期間は1年以内）ことができる（239条1項・3項）。

公開会社においては、割当日の2週間前までに株主に対して、募集事項の通知または公告をする必要（金融商品取引法に基づく届出をしている場合等を除く）がある（240条2項・3項・4項）。

募集新株予約権の申込み、割当て、総数引受けについては、募集株式の場合と同様の定めが置かれている（242条ほか）。申込者または総数引受契約を締結した者は、割当日に新株予約権者となる（245条1項）。払込みは、払込期日または行使期間の初日の前日までに行われるが（246条1項）、会社の承諾があれば、金銭以外の財産の給付（検査役の調査不要）や会社に対する債権との相殺も可能とされる（246条2項）。

なお、平成26年改正により、新株予約権に係る払込みが仮装された場合、株式の仮装払込みを行った引受人と取締役に関する責任（213条の2第1項、213条の3第1項）と同様の規定（286条の2第1項、286条の3第1項）が置かれることになった（詳しくは、31頁参照）。

4) 新株予約権の譲渡

　新株予約権は譲渡することができるが（254条1項）、新株予約権の譲渡に会社の承認が必要である旨定めることができ、（236条1項6号）、その場合は、会社の承認を得て、新株予約権を譲渡することができる（262条～266条）。

　新株予約権の譲渡は、新株予約権原簿に名義書換えをしなければ、会社その他の第三者に対抗できない（257条1項）。これに対して、記名式の新株予約権証券が発行されている場合は、第三者に対する対抗要件は、新株予約権証券の占有となるため、会社に対する対抗要件となる（同条2項）。

5) 新株予約権の無償割当て

　会社は、株主に対して、その持株数に応じて、新株予約権の無償割当てをすることができる（279条1項）。この場合、株主に割り当てる新株予約権の内容・数または算定方法、効力発生日などを決定する必要があり（278条1項）、株主総会（取締役会設置会社においては取締役会）の決議を必要とする（同条3項）。株主の申込手続は不要とされ、株主は効力発生日に新株予約権者になる（279条1項）。

　平成26年改正前会社法では、会社は、当該新株予約権の行使期間の初日の2週間前までに、株主に対して割当てを受けた新株予約権の内容および数等を通知（割当通知）しなければならないものとされていた（旧279条2項）。また、実務上も、株主確定日から株主を確定し割当通知の印刷・送付作業等を行う期間が必要とされ、会社や株主が株価の変動リスクにさらされる期間が長期間に及ぶことから、割当通知の期間を見直すべきとの指摘があった。平成26年改正により、割当ての効力発生日後遅滞なく、かつ、当該新株予約権の行使期間の末日の2週間前までに通知をしなければならないものとされ（279条2項・3項）、行使期間開始日をより早く設定することが可能になった。

　新株予約権無償割当ては、会社法で新設された制度で、敵対的企業買収に対する防衛策やライツ・オファリング（株主全員に新株予約権を無償で割り当てる

ことによる資金調達）などで利用される。

6) 新株予約権の行使

　新株予約権を行使する場合は、新株予約権者は、新株予約権行使日に、会社が定めた銀行等の払込取扱場所において金銭を払い込まなければならない（281条1項）。金銭以外の財産を出資の目的とするときは、新株予約権行使日に、財産の給付（原則として、検査役の調査が必要）を要する（281条2項、284条）。この場合、新株予約権者は、払込みまたは給付をする債務と会社に対する債権を相殺することはできない（281条3項）。新株予約権者は、新株予約権を行使した日に株主になる（282条1項）。

　また、会社は原則として、自己新株予約権を新株予約権者との合意により自由に取得できるが、保有している自己新株予約権を行使することができない（280条6項）。新株予約権の行使による変更登記は、毎月末日現在により、当該末日から2週間以内にすれば足りる（915条3項1号、商登57条）。

　平成26年改正により、公開会社において、引き受けた新株予約権を行使することにより、支配株主の異動を生じた場合は、募集株式の割当て等の特則と同様の規制がされる（244条の2）ことになった（詳しくは、24頁参照）。

7) 新株予約権の違法発行

（a）新株予約権の発行の差止請求

　新株予約権の発行が法令または定款に違反する場合、または新株予約権の発行が著しく不公正な方法により行われる場合において、株主が不利益を受けるおそれがあるときは、株主は、株式会社に対して、新株予約権の発行をやめることを請求することができる（247条）。

（b）新株予約権の発行の無効の訴え

　新株予約権の発行（新株予約権付社債については社債を含む）について、法令または定款に違反する場合、新株予約権の発行の無効の訴えを提起することができる。無効の訴えの出訴期間は、新株予約権の発行の効力発生日から6か

月以内（非公開会社においては、1年以内）であり（828条1項4号）、提訴権者は、株主、取締役、監査役、執行役、清算人、新株予約権者に限定されている（同条2項4号）。また、新株予約権の発行の無効の確定判決の効力は、当事者だけではなく第三者に対しても効力（対世効）を有し（838条）、その確定判決により無効とされた行為は、将来に向かってその効力を失う（839条）。

（c）新株予約権の発行の不存在確認の訴え

新株予約権の発行行為が存在しない場合、つまり、新株予約権の発行の手続がないまま、新株予約権の発行による変更登記がされている場合には、訴えにより確認請求することができる不存在確認の訴えの制度が認められている（829条3号）。なお、提訴権者（原告適格）および提訴期間については、規定がなく、誰でも、いつでも、この訴えを提起することができる。また、この訴えによる確定判決の効力は対世効を有する（838条）。

3　社債の発行

1）社債の意義

会社の資金調達は、募集株式の発行、借入れのみならず、社債の発行によっても行われる。社債とは、会社法の規定により、会社が行う割当てにより発生する、当該会社を債権者とする金銭債権であって、会社法676条各号に掲げる事項についての定めに従い償還されるものをいう（2条23号）。社債は、一般に、不特定多数の投資家から、会社が長期かつ多額の資金を調達するために用いられ、不特定多数の者に同一の条件で発行される。平成17年改正により、持分会社を含めたすべての会社が社債を発行することが可能になった。

株式と社債は、長期かつ多額の資金調達手段であるという点では共通しているが、株式の所有者である株主は会社の社員（構成員）であるのに対して、社債の所有者である社債権者は会社の債権者であり、法律上の性格は異なっている。投資の面からみると、社債は株式と比較して、元本が保証され、確

定利息が得られることから、安定性があるといえる。

2）社債の発行手続

　会社は、その発行する社債を引き受ける者の募集をしようとするときは、その都度、募集社債について、募集社債の総額、各募集社債の金額、利率、償還の方法と期限、利息支払いの方法と期限、各募集社債の払込金額等、その払込期日、社債管理補助者の設置（令和元年改正により追加）などを定めなくてはならない（676条、会施規162条）。

　これらの事項その他の募集に関する重要事項として法務省令で定める事項（会施規99条1項）は、取締役会設置会社においては、取締役会決議で定めることを要するが（362条4項5号）、その他の決定は取締役に委ねることができる。また、取締役の過半数が社外取締役である監査等委員会設置会社では、取締役に決定を委任することができ（399条13第4項5号）、指名委員会等設置会社においては、執行役に決定を委任することができる（416条4項柱書本文）。

3）社債の申込み・割当て

　会社は、募集に応じて募集社債の引受けの申込みをしようとする者に対し、会社の商号、募集事項、その募集に関する事項、その他法務省令（会施規163条）で定める事項を通知しなければならない（677条1項）。これにより、必要な情報を得た者は、申込者として、法定事項を記載した書面の交付または電磁的方法により申込みを行う（同条2項）。会社は、申込者の中から募集割当てを受ける者を定め、かつ、その者に割り当てる募集社債の金額および金額ごとの数を定めて（678条1項）、募集株式の払込期日の前日までに通知しなければならない（同条2項）。

　ただし、募集社債を引き受けようとする者が、その総額の引受けを行う契約を締結する場合には、割当てや通知は必要とされない（679条）。そして、募集社債の申込者および募集社債の総額を引き受けた者は、募集社債の社債

権者となる（680条）。

4）社 債 原 簿

　会社は、社債の発行日以後遅滞なく、法定の事項を記載または記録した社
債原簿を作成しなければならない（681条、会施規166条）。また、社債原簿管
理人を定め、会社に代わって、社債原簿の作成および備置きその他の社債原
簿に関する事務を委託することができる（683条）。

　会社は、社債原簿をその本店（社債原簿管理人がある場合には、その営業所）に
備え置き（684条1項）、一定の場合を除き（同条3項）、いつでも、社債権者お
よび裁判所の許可を得た親会社社員の閲覧または謄写の請求に応じなければ
ならない（同条2項・4項・5項）。

5）社債の譲渡

　社債券を発行する旨の定めがある社債の譲渡は、当該社債に係る社債券を
交付しなければ、その効力を生じない（687条）。社債券の占有者は、当該社
債券に係る社債についての権利を適法に有するものと推定する（689条1項）。
社債券の交付を受けた者は、当該社債券に係る社債についての権利を取得す
る。ただし，その者に悪意または重大な過失があるときは、この限りでない
（同条2項）。

　社債の譲渡は、その社債を取得した者の氏名または名称および住所を社債
原簿に記載または記録しなければ、社債発行会社その他の第三者に対抗する
ことができない（688条1項）。社債券が発行されている場合は、社債原簿に
おける社債取得者の氏名または住所の記載は、会社に対する対抗要件として
のみ必要となる（同条2項）。なお、無記名社債券については、取得者の氏名
等を社債原簿に記載できないことから、不適用となる（同条3項）。

6）社 債 券

　社債発行会社は、社債券を発行する旨の定めがある社債を発行した日以後

遅滞なく、当該社債に係る社債券を発行しなければならない（696条）。社債券には、法定の事項を記載し、社債発行会社の代表者がこれに署名または記名押印しなければならない（697条1項）。

　社債券が発行されている社債の社債権者は，請求をすることができないとされる場合（676条7号）を除いて、いつでも、その記名式の社債券を無記名式とし、またはその無記名式の社債券を記名式とすることを請求することができる（698条）。

　社債券は、公示催告手続（非訟100条以下）によって無効とすることができ（699条1項）、社債券の喪失者が、除権決定（非訟106条1項）を得た場合には、喪失した社債券の再発行を請求することができる（699条2項）。

7）社債管理者

　社債を発行する場合には、一定の場合を除き（702条ただし書）、会社は社債管理者を定め、社債権者のために、弁済の受領、債権の保全その他の社債の管理を行うことを委託しなければならない（同条本文）。社債管理者は、銀行、信託会社、またはこれらに準ずるものとして、法務省令（会施規170条）で定める者でなければならない（703条）。社債管理者は、社債権者のために公正かつ誠実に社債の管理を行わなければならず（704条1項）、社債権者に対して善管注意義務を負う（同条2項）。

　社債管理者は、社債権者のために弁済を受け、社債の債権実現を保全するために必要な一切の裁判上または裁判外の行為をする権限等を有し（705条1項）、権限を行使する上で必要があるときは、裁判所の許可を得て、会社の業務および財産の状況を調査することができる（同条4項）。社債管理者が、会社法あるいは社債権者集会の決議に違反する行為をした場合には、社債権者に対して、連帯して損害を賠償する責任を負う（710条1項）。

8）社債管理補助者

　令和元年改正により、社債管理者を設置することを要しない社債について、

会社が社債管理補助者を定め、社債管理補助者に社債管理者による管理よりも限定された管理（714条の4）を委託できる制度を創設した（714条の2以下）。資格要件は社債管理者になれる者のほか、弁護士・弁護士法人も含まれる（714条の3、会施規171条の2）。社債管理者の資格要件は厳格であり、法定権限も広く、かつ、社債管理者設置のコストも大きいことから、社債管理者となる者を確保することは難しいことから、社債管理補助者の制度を新たに導入したのである。

9) 社債権者集会

社債権者集会は、社債権者の利害に重大な関係がある事項について、社債権者の意思を決定するための合議体であり、社債の種類ごとに組織される（715条）。社債権者集会は、必要があるときはいつでも招集することができ（717条1項）、会社法が規定する事項および社債権者の利害に関する事項について決議する（716条）。社債権者は、その有する社債の金額の合計額（償還済の額を除く）に応じて議決権を有する（723条1項）。社債権者集会の決議は、特別決議を必要とする一定の場合を除き（724条2項）、通常、出席した議決権者の議決権の総額の過半数の同意（普通決議）で行う（同条1項）。社債権者集会の決議は、原則として裁判所の認可を受けなければその効力を生じない（734条1項）。

社債の元利金の減免については、令和元年改正前会社法の下でも、会社法706条1項1号の「和解」として、社債権者集会の特別決議により行うことができると解されていた。これに対して、法的安定性の観点から、明文の規定を設けるべきとの指摘があり、令和元年改正により、社債権者集会の決議により、元利金の減免を決議できることが明確化された（706条1項1号）。

また、社債権者集会の決議の省略について、令和元年改正前会社法の下では、会社法上規定されている事項に関する社債権者集会の決議については、全員の同意がある場合でも省略することはできないと解されていた。これに対して、機動的な意思決定の必要性の観点から、全員の同意がある場合には、

決議の省略を認めるべきとの指摘があり、令和元年改正により、社債権者集会の目的である事項について社債権者全員が同意した場合には、社債権者集会の決議を省略することができる旨の規定が新設された (735条の2第1項)。

4　会計規則と会計帳簿

1) 会 計 原 則

　会社法は、「株式会社の会計は、一般に公正妥当と認められる企業会計の慣行に従うものとする」と定める (431条)。この公正な会計慣行の考え方は、平成17年改正前商法の「商業帳簿の作成に関する規定の解釈については公正なる改正慣行を斟酌すべし」(旧商32条2項) を継承したものである。

2) 会計帳簿の作成・保存義務

　株式会社は、法務省令で定めるところにより、適時に、正確な会計帳簿を作成しなければならない (432条1項)。また、株式会社は、会計帳簿の閉鎖の時から10年間、その会計帳簿およびその事業に関する重要な資料を保存する必要がある (同条2項)。

3) 株主の会計帳簿閲覧権・検査役の調査制度

　会社法では、会社には出資者である株主に対する情報提供が義務づけられている。しかし、この情報提供義務は会社が積極的に情報を提供しない場合には株主は情報を得ることができないため、何らかの補完する制度が必要と考えられる。そのため、会社法では、少数株主権として、2つの調査の制度が認められている。1つは、株主が会社の会計帳簿を閲覧謄写する権利であり、もう1つは裁判所が選任する検査役による会社業務・財産の調査制度である。

　①株主の会計帳簿閲覧権

　(a) 総株主の議決権の100分の3 (定款で要件を緩和可) 以上の議決権を有

する株主または発行済株式（自己株式を除く）の 100 分の 3（定款で要件を緩和可）以上の数の株式を有する株主は、当該会社の営業時間内は、会計帳簿またはこれに関する資料の閲覧・謄写をいつでも請求することができる（433 条 1 項前段）。その場合、請求の理由を明らかにしてしなければならない（同条 1 項後段）。

（b）閲覧・謄写の対象となるのは、会社の会計帳簿・資料である（電磁的記録を含む）。計算書類と附属明細書は個々の株主が閲覧・謄写請求できる。会計帳簿とはこれらの書類の作成の基礎となる帳簿であり、会計の資料とは会計帳簿の記録材料となった資料を意味する。会計帳簿は、いわゆる日記帳・元帳・仕訳帳のことであり、伝票を仕訳帳に代用する場合には、この伝票も含む。会計の資料とは、会計帳簿に含まれない伝票や受取証であり、ほかには契約書や信書等も、会計帳簿の記録材料として使用された場合は含まれることになる。

（c）この請求があった場合でも、濫用防止のため、株式会社は、以下のいずれかに該当すると認められるときは、拒絶することが認められる（433 条 2 項）。①請求する株主（請求者）がその権利の確保または行使に関する調査以外の目的で請求を行ったとき、②請求者が当該会社の業務の遂行を妨げ、株主の共同の利益を害する目的で請求を行ったとき、③請求者が当該会社の業務と実質的に競争関係にある事業を営み、またはこれに従事するものであるとき、④請求者が会計帳簿またはこれに関する資料の閲覧または謄写によって知り得た事実を利益を得て第三者に通報するため請求したとき、⑤請求者が過去 2 年以内において、会計帳簿またはこれに関する資料の閲覧または謄写によって知り得た事実を利益を得て第三者に通報したことがあるものであるとき、以上の 5 つである。

（d）株式会社の親会社社員（すなわち、親会社の株主など〔31 条 3 項〕）は、その権利を行使するため必要があるときは、会計帳簿またはこれに関する資料の閲覧・謄写請求をすることができるが（請求の理由を明らかにする点は同じ）、裁判所の許可が必要となる（433 条 3 項）。その親会社社員については、（c）

の事由があるときは、裁判所は許可をすることはできない（同条 4 項）。

②検査役の調査制度

次に、裁判所が選任する検査役による会社業務・財産の調査制度であるが、会社の業務の執行に関し、不正の行為または法令もしくは定款に違反する重大な事実があることを疑うに足りる事由があるときは、①総株主の議決権の100 分の 3（定款で軽減可）以上の議決権を有する株主、または②発行済株式（自己株式を除く）の 100 分の 3（定款で軽減可）以上の数の株式を有する株主は、会社の業務および財産の状況を調査させるため、裁判所に対し、検査役の選任の申立てをすることができる（358 条 1 項・2 項）。この検査役は、その職務を行うため必要があるときは、子会社の業務および財産の状況も調査することができ、必要な調査を行い、調査の結果を裁判所に提供して報告をし（同条 4 項・5 項）、さらに、会社および検査役の選任の申立てをした株主に対し、その書面の写しの交付を行うなどする（358 条 7 項）。

4) 会計帳簿の提出命令

裁判所は、申立てまたは職権で、訴訟の当事者に対し、会計帳簿の全部または一部の提出を命じることができる（434 条）。

5 計 算 書 類

1) 計算書類とは

計算書類とは、貸借対照表、損益計算書、その他会社の財産および損益の状況を示すために必要かつ適当なものとして法務省令で定めるもののことである。法務省令で定めた書類は、株主資本等変動計算書と個別注記表であり（会計規 59 条）、貸借対照表と損益計算書を合わせて、これら 4 つは別々の資料とする必要はない（会計規 57 条 3 項）。

わが国では、1 年決算とし 3 月末を決算期とする定款を定める株式会社が多い。株式会社は、定款所定の決算期ごとに、原則として、その事業年度に

関する①計算書類、②事業報告、そして③これらの附属明細書を作成し、監査役の監査（会社によっては監査役会〔監査等委員会設置会社では監査等委員会、指名委員会等設置会社では監査委員会〕と会計監査人の監査）を受ける。これを取締役会で承認したうえで、計算書類と事業報告を定時株主総会に提出して、事業報告についてはその内容を報告し、計算書類については株主総会の承認を求めなければならない。ただし、会計監査人・監査役会設置会社では、計算書類について、会計監査人の無限定適正意見があり、これを不相当とする監査役会の意見と監査役の意見の付記がないときは、株主総会の承認を求める必要はなく、それらの内容の報告をすれば十分である（以上、435 条～ 439 条、会計規 135 条）。

　計算書類の種類と内容、資産の評価等、計算書類・事業報告・附属明細書の方式については法務省令で定められることになる。

2) 計算書類のライフ・サイクル

　計算書類と事業報告は法務省令の定めるところにより、作成にはじまり、取締役会、株主総会で承認され、その後、公告または電磁的公開され、そのライフ・サイクルを終える。この計算書類のライフ・サイクルに沿って、以下、説明する。

（a）作成・保存

　株式会社は、法務省令（会計規 58 条）で定めるところにより、その成立の日における貸借対照表を作成しなければならない（電磁的記録も可）（435 条 1 項・3 項）。加えて、法務省令（会社計算規則）で定めるところにより、各事業年度に関する①計算書類（貸借対照表・損益計算書・株主資本等変動計算書・個別注記表）、②事業報告、③これらの附属明細書を作成しなければならない（電磁的記録も可）（同条 2 項・3 項）。

　また、計算書類と附属明細書は、その計算書類を作成した時から 10 年間、保存されなければならない（435 条 4 項）。

（b）監　　査

①監査役設置会社（監査役の監査の範囲を会計事項に限定する定款の定めがある会社を含み、会計監査人設置会社を除く）

計算書類・事業報告・附属明細書について、法務省令で定めるところにより、監査役の監査を受ける（436条1項、会計規121条以下）。

②会計監査人設置会社

計算書類とその附属明細書については、監査役（監査等委員会設置会社では監査等委員会、指名委員会等設置会社では監査委員会）と会計監査人の両方の監査を受ける（436条2項1号）。また、事業報告とその附属明細書については、監査役（監査等委員会設置会社では監査等委員会、指名委員会等設置会社では監査委員会）の監査を受ける（同条同項2号）。

③取締役会設置会社

計算書類・事業報告・附属明細書について（上記で監査を受ける場合は監査を受けたもの）、取締役会で承認をする（436条3項）。なお、監査機関の確保や監査報告の記載事項などは、法務省令で定められる。

（c）事前の開示

①取締役会設置会社では、取締役会の承認をへた計算書類と事業報告（＋監査報告・会計監査報告）は、法務省令で定めるところにより、定時株式総会の招集通知に際して株主に提供する。これを「直接開示」という（437条）。

②附属明細書は招集通知時に提供する必要はない。計算書類・事業報告や監査報告・会計監査報告とともに、定時株主総会の日の原則として2週間前から、本店に5年間、写しを支店に3年間備え置き、株主・会社債権者・親会社社員の閲覧・謄写に供する。これを「間接開示」という（442条）。株主はこれらを資料として定時株主総会で議決権を行使することになる。

（d）承　　認

取締役は、監査を受けた計算書類・事業報告を定時株主総会に提出する。事業報告についてはその内容を報告し、計算書類については株主総会の承認を受ける（438条1項～3項）。この承認は、計算が正当・妥当なものであるこ

とを承認する株主総会の決議である。ただし、会計監査人設置会社では、計算書類が法令・定款に従い、会社の財産および損益の状況を正しく表示しているものとして法務省令で定める要件に該当する場合には、株主総会の承認を求める必要はない。この場合、取締役会の承認で確定することができ、定時株主総会には計算書類を提出してその内容の報告をする（439条）。

（e）事後の公開（「決算公告」）

上記の定時株主総会の終結後遅滞なく、会社は、法務省令で定めるところにより、貸借対照表（大会社では貸借対照表および損益計算書）を公告しなければならない（440条1項、会計規136条、148条）。この場合、①公告方法が官報または日刊新聞紙である会社の場合は、その要旨を公告することで足りる（440条2項、会計規137条～146条、148条）。②①の会社は、法務省令で定めるところにより、貸借対照表の内容である情報を、定時株主総会の終結の日の後5年間、継続して電磁的方法により不特定多数の者が提供を受けることができる状態に置く措置をとることができる（電磁的公開）（440条3項）。その一方で、③金融商品取引法上の有価証券報告書提出会社は、この公告は免除される（同条4項）。

3) 臨時計算書類

この規定は、会社法により、新しく導入された制度である。事業年度中の一定の日を臨時決算日と定め、決算をすることが認められる（441条1項）。一定の会社では監査を必要とすること、株主総会の承認を必要とすること（その例外が認められること）などは、通常の決算の場合と同様である（同条2項～4項）。臨時決算をすれば、臨時決算日までの損益を剰余金配当等の分配可能額（461条2項）に含めることができる。

4) 連結計算書類

連結計算書類とは、「会計監査人設置会社及びその子会社から成る企業集団の財産及び損益の状況を示すために必要かつ適当なものとして法務省令で

定めるもの」をいう（444条1項）。

　平成14年改正商法は、連結計算書類制度を導入し、会社法もこれを引き継ぐ。この制度は情報提供の充実などを図るために導入されたものであり、剰余金配当のための規制などは従来どおり単体の貸借対照表を基準とする。

　会計監査人設置会社は、法務省令で定めるところにより、各事業年度に関する連結計算書類を作成することができるが（電磁的記録も可）（444条1項・2項）、その作成が義務づけられるのは、事業年度の末日において大会社であって、かつ、金融商品取引法上の有価証券報告書提出会社に限られる（同条3項）。

　連結計算書類は、法務省令で定めるところにより、監査役・監査役会（監査等委員会設置会社では監査等委員会、指名委員会等設置会社では監査委員会）および会計監査人の監査を受けたうえで、取締役会で承認し（取締役会設置会社）、定時株主総会の招集通知時に株主に提供したうえで、定時株主総会に提出し、その内容と監査の結果を報告する（444条4項〜7項、416条4項13号）。

6　資本金と準備金

1）資本金とは

　資本金とは、「株式会社が法律の規定により一定の場合に純資産の部に計上を義務づけられる数額（金額）」である。日常用語としての資本金が「事業を行うための元手となるお金」のことをいうのとは異なる。

　この資本金という制度は、会社債権者の保護を前提としており、株主と会社債権者との利害調整のために設けられたものである。株式会社は株主有限責任であるため、会社財産のほかには財産的基礎がない。それゆえ、会社法は資本金という一定額を基準として、それに準備金という制度を設けている。これらの数字の合計額を超える額を「分配可能額」（461条2項）として算出し、その額を限度として株主への配当などによる払戻しを認める。つまり、株式会社は、純資産の額が資本金の額と準備金の額の合計額を上回っていないな

ら、剰余金の配当をはじめとした株主への分配ができない。これを「資本維持の原則」という。

資本金の額は、原則として、株式の実際の払込金額（現物出資の場合は給付額）の総額である（445条1項）。株式発行の際にその2分の1までの額（払込剰余金）は資本金としないことが認められ（同条2項）、その場合、それは資本準備金としなければならない（同条3項）。

2）準備金とは

準備金は、「法定準備金」ともいわれ、会社法により一定の場合に純資産の部に計上が義務づけられる額である。これは資本準備金と利益準備金から計上しなければならない（445条4項）。剰余金の配当をする場合には、法務省令で定めるところにより、準備金の合計額が資本金の額の4分の1に達するまで、配当により減少する剰余金の額の10分の1を資本準備金または利益準備金として積み立てなければならない（同条同項、会計規22条）。

（a）資本準備金

設立または株式の発行に際して株主となる者が当該株式会社に対して払込みまたは給付した額のうち、資本金として計上されなかった額は資本準備金に計上しなければならない。資本準備金は、会社がその他資本剰余金を原資として剰余金の配当をする場合にも一定の計算式に従って増加する（445条）。

（b）利益準備金

利益準備金とは、株式会社がその他利益剰余金を原資として剰余金の配当をする際、一定の計算式に従って計上しなければならない額である（445条4項、会計規22条）。

3）合併等の場合と公示

（a）合併の場合

これらの例外として、組織変更や合併・吸収分割・新設分割・株式交換・株式移転・株式交付に際して資本金または準備金として計上すべき額は、法

務省令で定められている（445条5項、会計規33条以下）。

（b）公　　示

このようにして算定された資本金・準備金の額は、定款には記載しない。ただし、登記と貸借対照表によって、公示・公開される（911条3項5号）。準備金の額は登記は不要であるが、貸借対照表により公開される。

4）剰 余 金

剰余金は、分配可能額を算出する際の基礎となる額である（446条）。貸借対照表上の純資産額から資本金と準備金の額を差し引いた額が剰余金となる。しかし、決算日後の剰余金の変動も考慮に入れるため、会社法は、剰余金を定義する。具体的には、剰余金は、以下の（a）（b）（c）（d）を加算し、（e）（f）（g）を減算した合計額である（同条）。

（a）最終事業年度の末日における①および②の合計額から③から⑤までの合計額を減じて得た額：①資産の額、②自己株式の帳簿価額の合計額、③負債額、④資本金および準備金の額の合計額、⑤法務省令で定める各勘定科目に計上した額の合計額（会計規149条）。（b）最終事業年度の末日後に自己株式の処分をした場合における自己株式の対価の額から自己株式の帳簿価額を控除して得た額。（c）最終事業年度の末日後に資本金の額の減少をした場合における減少額（準備金組入額［447条1項2号］を除く）。（d）最終事業年度の末日後に準備金の額の減少をした場合における減少額（資本金組入額［448条1項2号］を除く）。（e）最終事業年度の末日後に自己株式の消却をした場合（178条1項）における自己株式の帳簿価額。（f）最終事業年度の末日後に剰余金の配当をした場合における①から③の合計額：①454条1項1号（剰余金配当）の配当財産の帳簿価額の総額（454条4項1号［現物配当の場合］に規定する金銭分配請求権を行使した株主に割り当てた当該配当財産の帳簿価額を除く）、②454条4項1号（現物配当の場合）に規定する金銭分配請求権を行使した株主に交付した金銭の額の合計額、③456条（現物配当の場合）に規定する基準未満株式の株主に支払った金銭の額の合計額。（g）法務省令で定める各勘

定科目に計上した額の合計額（会計規150条）。

5）任意積立金

　会社が自発的に積み立てるもののことである。会社は、株主総会の決議により、損失の処理、任意積立金の積立てなど、会社財産の流出を伴わない剰余金の処分をすることができる（452条、会計規153条）。

6）資本金・準備金の減少

　資本金・準備金の「額」の減少は、原則として、株主総会決議と会社債権者異議手続が必要である。

（a）株主総会決議

　資本金の減少をする場合には、株主総会決議により、①減少する資本金の額、②減少する資本金の額の全部または一部を準備金とするときは、その旨および準備金とする額、③資本金の額の減少の効力発生日を定めなければならない（447条1項）。株主総会の決議は、特別決議である。例外として、①定時株主総会で、かつ、②減少する資本金の額が定時株主総会の日（計算書類を取締役会で確定する場合は取締役会の承認があった日）における欠損の額として法務省令で定める方法により算出される額（会計規68条〔マイナスの分配可能額〕）を超えない場合には、普通決議でよい（309条2項9号）。

　準備金の減少も、資本金の減少とほぼ同様である（448条1項・2項・3項）。

（b）会社債権者異議手続

　資本金または準備金を減少する場合には（減少する準備金の額の全部を資本金とする場合を除く）、会社債権者は、資本金・準備金の減少について異議を述べることができる（449条）。

　債権者が期間内に異議を述べなかったときは、その債権者は、資本金等の額の減少について承認をしたものとみなされる（449条4項）。しかし、債権者が期間内に異議を述べたときは、株式会社は、その債権者に対し、①弁済し、もしくは②相当の担保を提供し、または③その債権者に弁済を受けさせ

ることを目的とする信託会社・信託兼営金融機関への相当の財産の信託のいずれかをしなければならないが、資本金等の額の減少をしてもその債権者を害するおそれがない場合は、この措置は不要である（同条5項）。

（c）資本金・準備金減少の効力発生時期

いずれも株主総会等で定めた効力発生日に効力が生じる。会社債権者異議手続が未終了のときは、終了した時点となる（449条4項）。なお、会社は、株主総会等で定めた効力発生日までは、いつでも効力発生日を変更することができる（同条7項）。

（d）資本金減少無効の訴え

資本金減少の手続等に瑕疵がある場合、「資本金減少無効の訴え」によってのみ、資本金減少を無効とすることが認められる。提訴期間は効力発生日から6か月、提訴権者（原告適格）は、株主等（株主・取締役・清算人〔＋監査役設置会社では監査役・指名委員会等設置会社では執行役〕）・破産管財人・資本金減少を承認しなかった債権者である（828条1項5項・2項5号）。

7）資本金・準備金の増加：剰余金からの組入れ

株主総会決議（普通決議）により、剰余金を減少して、それを資本金・準備金に組み入れることができる。この場合、総会決議において、①減少する剰余金、②資本金または準備金、それぞれの額の増加の効力発生日を定める（450条1項・2項、451条1項・2項）。剰余金をマイナスにすることはできない（450条3項、451条3項）。

7　剰余金の配当

1）剰余金の額

剰余金の額は、分配可能額の算定の基礎となる（461条2項）。剰余金の額の算定方法は、最終事業年度の末日後に行われた種々の行為を考慮した算定方法も定められており（446条2号〜6号、会計規150条）、複雑である。しかし、

最終事業年度の末日時点では（446条1号、会計規149条）、剰余金の額は、貸借対照表上の「その他資本剰余金の額」と「その他利益剰余金の額」の合計額ということになる（会計規149条3号・4号）。

2) 配当の方法

　会社法では株主に対して剰余金の配当を行うことができる（453条）。会社法は、金銭のほか金銭以外の財産での配当も認めている（現物配当、454条4項）。剰余金の配当を行うためには、その額や配当する財産の種額等の内容を株主総会の決議によって定めることになる（同条1項）。なお、会計監査人設置会社かつ監査役会設置会社である取締役会設置会社において取締役の任期が1年以内（正確には、取締役〔監査等委員会設置会社にあっては監査等委員である取締役以外の取締役〕の任期の末日が選任後1年以内に終了する事業年度のうち最終のものに関する定時株主総会の終結の日までである場合）の会社（監査等委員会設置会社および指名委員会等設置会社を含む）においては、剰余金の配当の決定を取締役会決議によって行うことができる旨を定款に定めることができる（分配特則規定。459条1項各号）。この場合に現物配当を行うときは、必ず株主に金銭分配請求権を与えなければならない（同条同項4号）。定款において取締役会のみで剰余金の配当等を決定する旨を定めた場合には、株主総会において剰余金の配当等を行わない旨を定款で定めることができる（460条1項）。取締役会が剰余金の配当を行うためには、計算書類等について会計監査報告において、計算書類がその株式会社の財産および損益の状況をすべての重要な点において適正に表示していることについての無限定適正意見が示されかつ会計監査人の監査の方法または結果を相当でないと認める意見が監査報告に示されないことが必要である（459条2項、会計規155条）。配当財産は、株主名簿に記載した住所または株主が株式会社に通知した場所で交付される（持参債務、457条1項）。このほか、取締役会設置会社では、取締役会の決議により一事業年度の途中で1回に限り剰余金の中間配当を行うことができる旨を定款に定めることができる（454条5項）。

　近年、わが国の企業では、「スピン・オフ（spin off）」の方法を用いて、事業再編を行うケースがある。スピン・オフとは、既存の企業や組織（本コラムでは、便宜上「親会社」と呼ぶ）の特定の事業や完全子会社を切り出して分離独立させ、新会社として立ち上げる事業再編手法の一つをいう。親会社であるＡ社は完全子会社であるＢ社を保有している。今回、Ｂ社の事業を分離独立するに際し、Ａ社の株主に剰余金の配当として、株主にＢ社の株式を全部交付する。このようにすることでＢ社はＡ社の完全子会社であった状況から分離独立した会社となる。このような手法に用いられるのが「現物配当」である。このようにすることで、Ｂ社を上場企業とすることも可能である。

3) 違法な剰余金の配当

　分配可能額規制に違反して分配可能額がないのに（または分配可能額を超えて）剰余金分配をしたときは、違法配当であり（俗に「たこ配当」と呼ばれてきた）、無効であると解される（ただし、立法担当官は有効であるとする）。違法な剰余金の分配について、会社は株主に対してその返還を請求でき（462条1項）、また、会社債権者は直接株主に対して違法分配額を自分に返還することを請求できる（463条3項）株主から返還させることは実際上困難なので、会社法は、①業務執行者（業務執行取締役）（指名委員会等設置会社では執行役）等および②株主総会や取締役会に剰余金分配議案を提案した取締役等に対して分配額を支払うべき義務を負わせている（462条1項）。当該義務は株主代表訴訟の対象となる（847条1項）。この場合の責任は、上記の者がその職務を行うについて注意を怠らなかったことを証明したときは、462条1項の責任を免れる（過失責任）（462条2項）。なお、上記の者の責任について、分配可能額を超える部分については総株主の同意によっても会社債権者保護のため免除されない（463条）。

8 定款変更

　会社の根本規則である定款は会社を取り巻く事情によって、会社がこれを変更する必要が生ずる場合も少なくない。また、たとえば、取締役等の責任軽減規定のように会社法により定款に規定することを求める場合には、定款変更を余儀なくされる（426条1項、427条1項）。

　定款の変更については、原則として、株主総会の特別決議で行うことができる（466条、309条2項11号）。なお、例外として、取締役会決議等で定款変更できる場合がある（184条2項、195条1項等）。また、会社法による定款規定のみなし変更として182条2項等、みなし廃止として112条1項等の規定がある。

　会社が複数の種類の株式を発行している場合に、一定の事項についての定款変更がある種類の株主に損害を与えるようなときには、その種類の株主による総会（種類株主総会）の承認決議が必要となる（322条）。

　定款変更は、株主総会の決議により当然に効力を生じると解されている（効力発生要件）。その後に、書面（または電磁的記録）としての定款を書き換えたり、その事項が登記事項であるときには変更登記をしたりする必要が生じるが、これらの手続は定款変更の効力発生要件ではない。

　定款変更の要件が加重される場合には、①株主全員の同意が必要とされる場合、②株主総会特殊決議が必要とされる場合（反対株主の株式買取請求権・新株予約権者の新株予約権買取請求権も認められる場合もある）がある。

9　株式譲渡制限規定に関する定款変更

　定款変更の要件が加重される場合の例として、株式譲渡の制限規定を新たに設ける場合の例を挙げる。会社によっては「会社にとって好ましくない者が株主になっては困る」とする場合もある。このような会社のニーズにこた

えて種類株式の一つとして会社が発行するすべてまたは一部の株式について
譲渡制限株式とすることもできる。設立時の定款（原始定款）で譲渡制限を
設けておく場合のほか、設立後に定款変更を行うこともできる。

すべての株式にあらたに譲渡制限を付する場合の株主総会の決議は、当該株
主総会において議決権を行使することができる株主の半数以上（これを上回る
割合を定款で定めた場合にあっては、その割合以上）であって、当該株主の議決権
の3分の2（これを上回る割合を定款で定めた場合にあっては、その割合）以上に当
たる多数をもって行わなければならない（309条3項1号）。定足数要件に株主
の頭数要件が加わるため、少数株主の保護が反映される規定となっている。
なお、反対株主には株式買取請求権が認められる（116条1項1号）。会社が発
行するすべての種類株式に譲渡制限が付されている場合、その会社は非公開
会社となる。

　また、すべての株式ではなくある特定の一部の株式に譲渡制限を設けるこ
とも種類株式の一つとして認められる。ある種類株式にあらたに譲渡制限を
付する定款変更については、通常の定款変更決議（株主総会の特別決議）に加
えて、当該種類株式の株主による種類株主総会特殊決議（324条3項1号）が
なければ、その効力を生じない（111条2項1号）。　加えて、あらたに譲渡制
限株式となる種類の株式が取得対価とされている取得請求権付株式や取得条
項付株式の株主が構成する種類株主総会の特殊決議も必要となる（324条3項
2号・3号、324条3項1号）。さらに、それらの株主には反対株主の株式買取請
求権が認められる（116条1項2号）。

10　組織再編

1）総　　論

　組織再編とは、事業の拡大、不採算部門の撤退や純粋持株会社の設立など、
経営の効率化等を図るために、会社の組織・形態を変更して新たに編成する
ことである。組織再編のための法律上の制度としては、以前は合併だけで

あったが、会社法では、合併、会社分割、株式交換、株式移転、株式交付と組織変更を定めている（第5編第2章～同5章）。

2) 合　　併

合併とは、2つ以上の会社が統合して1つの会社になることである。合併には吸収合併（2条27号）と新設合併（同条28号）がある。

吸収合併とは、合併する会社の一方（存続会社）が、他の会社のすべての権利・義務を継承し、他の会社は消滅する（消滅会社）合併である。新設合併は合併によって、新たな会社が設立され、合併前の会社は消滅会社となる合併である。

合併をするには、合併する会社間で合併契約（748条、749条、753条）を結び、原則として株主総会の特別決議（309条2項12号、同条3項1号）による承認が必要である。

合併することにより、吸収合併では存続会社、新設合併では新たに設立された会社に、消滅会社の権利・義務が包括的に承継（750条1項、754条1項）されることになる。

吸収合併・新設合併により消滅する会社の株主には、その保有株式数に応じた金銭等の対価を交付する必要がある（739条1項3号、同条3項、753条1項7号、同条同項9号）。

3) 会 社 分 割

会社分割とは、ある会社（分割会社）の事業に関する権利・義務の全部または一部を他の会社に承継させることである。会社分割には、分割会社の権利義務を既存の他の会社（承継会社）に承継させる吸収分割（2条29号）と、会社分割により新たな会社（設立会社）を設立して、分割会社の権利・義務を承継させる新設分割（同条30号）がある。

吸収分割を行うには、吸収分割契約（757条、758条）を締結する。新設分割を行うときには、新設分割計画を作成する（762条、763条）。そして、吸収

分割、新設分割のいずれの場合にも原則として株主総会の特別決議（309条2項）による承認が必要である。

　会社分割により、吸収分割契約、新設分割計画の定めにしたがって、分割会社の権利・義務を承継する（759条1項、764条1項）。

　承継会社、設立会社は、分割会社に対して対価（分割対価）を交付することになる（758条4号、763条1項6号～9号、764条8項・9項）。

4）株式交換

　株式交換とは、ある会社（株式交換完全子会社）が、他の会社（株式交換完全親会社）に発行済み株式の全部を取得させることである（2条31号）。

　株式交換を行うには、株式交換契約を結び（767条、768条）、原則として完全親会社になる会社と完全子会社になる会社の株主総会において特別決議（309条2項12号）による承認が必要となる。

　株式交換により完全子会社となった会社の株主は、株式交換契約で定められた金銭等の対価の交付を受ける（768条1項2号・3号、769条3項）。

5）株式移転

　1または2以上の会社（株式移転完全子会社）が、その発行済株式の全部を新たに設立する会社（株式移転設立完全親会社）に取得させることである（2条32号）。

　株式移転を行うには、株式移転計画（772条、773条）を作成し、原則として株式移転を行う会社の株主総会において特別決議（309条2項12号）による承認が必要となる。

　株主移転により完全子会社となった会社の株主は、株式移転計画の定めにしたがって、株式移転により設立された会社から株式や社債等の発行を受ける（773条1項5号～8号、774条2項・3項）。

6）株式交付

　株式交付とは、ある株式会社（株式交付親会社）が、他の株式会社（株式交付子会社）を議決権の過半数を所有した子会社とするために、株式交付子会社の株主から株式の譲渡を受け、その対価として株式交付親会社の株式を交付することである（2条32号）。

　株式交付を行うためには、株式交付親会社が、株式交付計画を作成し（774条の2、774条の3）、これを株式交付親会社の株主総会において特別決議による承認を受ける必要がある（816条の3、309条2項12号）。

　株式交付子会社の株主への対価については、全部を株式交付親会社の株式とする必要はないが、必ず一部は株式交付親会社の株式にしなければならないとしている（774条の3第1項3号）。

7）事業譲渡等

　会社の事業を他社に譲渡等を行うと、会社の存続が危うくなる可能性や利益などの業績にも大きな影響を与えることになるので、会社が下記の行為を行うには、株主総会の特別決議が必要となる（309条2項11号）。

　①事業の全部の譲渡の譲渡（467条1項1号）または、事業の重要な一部の譲渡（同条同項2号）、②譲渡会社の子会社の株式の全部の譲渡（同条同項2号の2、同号は平成26年改正で追加）または、譲渡会社の総資産の5分1以上の帳簿価額の価値を有するか（同条同項イ）、あるいは議決権の総数の過半数の株式の譲渡（同条同項ロ）、③他の会社の事業の全部の譲受け（同条同項3号）、④事業全部の賃貸、経営の委任、他人と事業上の損益の全部を共通にする契約、これに準ずる契約の締結、解約、変更（同条同項4号）、⑤会社成立後2年以内に、会社成立前から存在する財産を事業のために使用するものの取得で、その取得する財産の対価が会社の純資産額の5分の1を上回る場合（事後設立、同条同項5号）。

　会社法は、株式会社以外の会社について合名会社、合資会社、合同会社の3種類の会社（持分会社）を規定している（2条1号、575条1項）。持分会社では、出資者である構成員を社員と呼んでいる。持分会社では、会社の業務執行を原則として社員が行うとともに（590条1項）、会社債権者に対して社員が連帯して直接責任（580条）を負うので、社員の個性が重視されることなどが株式会社とは異なる。

　会社債権者に対する責任については、会社が会社債務について完済できない場合の社員の責任の範囲が会社の種類によって異なっている。合名会社では、社員のすべてが会社債権者に対して無制限の責任を負う（無限責任者）のみで構成される（576条2項）会社である。合名会社は無限責任社員と会社債権者に対して出資価額を限度として責任を負う（有限責任社員）で構成される（同条3項）会社である。合同会社は、有限責任社員のみで構成される会社である。

8）組織変更

　組織変更とは、会社が法人の同一性を保持したまま、持分会社（コラム参照）から株式会社へ、あるいは、持分会社から株式会社に会社の種類を変更することである（743条）。

　組織変更をするには、組織変更計画を作成し（744条）、株式会社の場合には、総株主の同意（776条1項）、持分会社の場合には、総社員の同意（781条）が必要である。

11　解散・清算・倒産

1）解散・清算

　解散とは、株式会社の法人格が消滅する事由である（471条）。株主総会における解散決議は特別決議が必要となる（309条2項9号）。

　破産以外の場合で会社が解散したときには、債権の取立て、債務の返済や残余財産の分配など会社の法律関係を整理する必要がある。この手続を清算という。

清算には、会社の債務を会社財産で完済できることが見込まれる通常清算（475条以下）と債務超過やその疑いがある場合と通常清算に遂行に著しい支障がある場合の特別清算（510条以下）がある。特別清算は、裁判所の監督および調査の下で行われる（510条、519条）。

　清算事務は、清算人を選任して行う必要がある（478条）。清算が開始された会社（清算会社）では、清算の結了まで会社は存続するが、清算の目的の範囲でしか活動することができない（476条）。

　清算人の職務は、①清算が開始される前に会社が行っていた契約等の履行、従業員の雇用契約の終了などの現務結了、②債権の取立て・債務の弁済、③残余財産の分配である（481条）。

2) 倒　　　産

　倒産とは、法律用語ではなく、債務超過の状況にある会社のことを示すために、主として報道機関等で用いられる一般用語である。いわゆる倒産状態にある会社は、破産や前述の特別清算などをして法的に債務を整理して解散する場合と、民事再生法の再生手続や会社更生法の更生手続を用いて会社を再建する債権型手続がある。

参 考 文 献

商法

大塚龍児・川島いづみ・中東正文・石川真衣『商法総則・商行為法』有斐閣、第 4 版、2023 年

弥永真生『リーガルマインド商法総則・商行為法』有斐閣、第 3 版、2019 年

会社法

伊藤靖史・大杉謙一・田中亘・松井秀征『会社法 LEGAL QUEST』有斐閣、第 5 版、2021 年

江頭憲治郎『株式会社法』有斐閣、第 8 版、2021 年

神田秀樹『会社法』弘文堂、第 25 版、2023 年

加藤徹・笹川敏彦編『会社法の基礎』法律文化社、第 2 版 2021 年

近藤光男『最新株式会社法』中央経済社、第 9 版、2020 年

高橋英治『会社法概説』中央経済社、第 4 版、2020 年

高橋美加・笠原武朗・久保大作・久保田安彦『会社法』弘文堂、第 3 版、2020 年

田中亘『会社法』東京大学出版会、第 4 版、2023 年

前田庸『会社法入門』有斐閣、第 13 版、2018 年

三浦治『基本テキスト会社法』中央経済社、第 3 版、2022 年

弥永真生『リーガルマインド会社法』有斐閣、第 15 版、2021 年

山本為三郎『会社法の考え方』八千代出版、第 12 版、2022 年

改正会社法解説

岩原紳作・神田秀樹・野村修也編『平成 26 年 会社法改正』有斐閣、2015 年

野村修也・奥山健志編『平成 26 年 改正会社法』有斐閣、規則対応補訂版、2015 年

野村修也・奥山健志編著『令和元年 改正会社法』有斐閣、2021 年

判例集

神作裕之・藤田友敬編『商法判例百選 別冊ジュリスト』有斐閣、2019 年

神作裕之・藤田友敬・加藤貴仁編『会社法判例百選 別冊ジュリスト』有斐閣、第
4 版、2021 年

神田秀樹・武井一浩編『実務に効く M&A・組織再編判例精選』有斐閣、2013 年

索　引

編著者紹介

松岡　弘樹（まつおか・ひろき）

　担当：第 3 章 1、3 ～ 9、19、21 ～ 24、コラム（105 頁）、第 4 章 1 ～ 3

　1978 年　慶應義塾大学法学部法律学科卒業

　1983 年　東洋大学大学院法学研究科私法学専攻博士後期課程満期退学

　東京交通短期大学教授、副学長、学長を経て、

　現在、神奈川大学経営学部特任教授、東京交通短期大学名誉教授

　主要著作

　『現代企業論』（編著、税務経理協会、2005 年）

　『現代経営組織辞典』（編著、創成社、2006 年）

　『基本商法＆会社法』（編著、八千代出版、2007 年）

　『【交通・情報】基本ワード 250』（編著、学文社、2009 年）

　『企業経営とマネジメント』（共著、八千代出版、2014 年）

　『改訂版 ベンチャー企業経営論』（編著、税務経理協会、2015 年）

　『経営学―コンパクト基本演習―』（共著、創成社、2015 年）

　『現代の観光を学ぶ』（共著、八千代出版、2022 年）他。

執筆者紹介（執筆順）

井上　貴也（いのうえ・たかや）

　担当：第 1 章、第 2 章 1 ～ 6、10、第 4 章 7 ～ 9

　1992 年　東洋大学法学部法律学科卒業

　1997 年　東洋大学大学院法学研究科私法学専攻博士後期課程満期退学

　東洋大学法学部専任講師、助教授、准教授を経て

　現在、東洋大学法学部教授

　主要著作

　『基本商法 ＆ 会社法』（共著、八千代出版、2007 年）

　『エンジニアのための哲学』（共著、実教出版、2007 年）

　『哲学をしよう！―考えるヒント 30―』（共著、大成出版社、2012 年）

　「取締役の行為基準に関する一考察」（単著、企業会計 48 巻 7 号）

　「従業員の引抜きと取締役の注意義務」（単著、東洋法学 53 巻 3 号）

　「企業統治に関する取締役制度の見直しについて―社外者の登用制度を中心に―」（単著、
　　東洋法学 62 巻 2 号）

　「コロナ禍における株主総会開催について」（単著、東洋法学 65 巻 3 号）

　「台湾社会における家族的経営に関する法的考察」（単著、地域文化研究 22 巻）　他。

三森　敏正（みつもり・としまさ）

担当：第 2 章 7 〜 9、11、12、第 3 章 10 〜 18、27、第 4 章 10、11

1985 年　専修大学法学部法律学科卒業

1997 年　専修大学大学院法学研究科私法学専攻博士後期課程満期退学

現在、石巻専修大学経営学部教授

主要著作

『会社法』（共著、不磨書房、2001 年）

『基本商法＆会社法』（共著、八千代出版、2007 年）

「特別背任罪と企業買収防衛策」（単著、『日髙義博先生古稀祝賀論文集』下巻、成文堂、
　2018 年）

「アメリカにおける経営判断原則の再検討―日本法への適用の前提として―」（単著、
　石巻専修大学経営学研究第 33 号）

「近時の企業不祥事からみる企業風土と会社役員の責任の一考察」（単著、石巻専修大
　学経営学研究第 34 号）

坂野　喜隆（さかの・よしたか）

担当：第 3 章 2、20、25、26、第 4 章 4 〜 6

1994 年　明治大学大学院法学研究科民事法学専攻博士前期課程修了

2003 年　明治大学大学院政治経済学研究科政治学専攻博士後期課程満期退学

流通経済大学法学部専任講師、准教授、ワシントン大学ロースクール客員研究員を経
て

現在、流通経済大学法学部教授

主要著作

『基本商法＆会社法』（共著、八千代出版、2007 年）

『現代とガバナンス』（共著、酒井書店、2008 年）

『ベンチャーコンパクト用語辞典』（共著、税務経理協会、2009 年）

『【交通・情報】基本ワード 250』（共著、学文社、2009 年）

『環境経営用語辞典』（共著、創成社、2009 年）

『地方自治と行政活動』（編著、公人社、2011 年）

『国家と社会の政治・行政学』（共著、芦書房、2013 年）

『議会が教育を変える』（単著、日本教育新聞社、2015 年）他。

会社法の基礎

2024 年 4 月 5 日　第 1 版 1 刷発行

編著者 ― 松 岡 弘 樹
発行者 ― 森 口 恵 美 子
印刷所 ― 三光デジプロ
製本所 ― グ リ ー ン
発行所 ― 八千代出版株式会社

〒101
-0061　　東京都千代田区神田三崎町2-2-13
TEL　　03(3262)0420
FAX　　03(3237)0723
振 替　　00190-4-168060

＊定価はカバーに表示してあります。
＊落丁・乱丁本はお取り替えいたします。